KB253825

안 도 현 목사 칼럼

길

해 브
도서출판

정해진 길

어린 시절, 나는 진안에 살면서 서당엘 다녔다. 훈장님은 아버지에게 내 한자 이름 길 도(道) 자를 법도 도(度)자로 바꾸면 나중에 한 자리 할 것이라고 했다. 그러나 아버지는 그렇게 하지 않으셨다. 유림(儒林)이셨던 아버지는 내가 법률과 제도를 주무르는 국량 큰 사람이 되기보다는 바른 길을 가기 원하셨던 것이다.

나는 이름 덕분에 항상 길을 생각하며 살았다. 청년 시절 어떤 인생길을 걸어가야 할지 고민이 많았다. 그때마다 이름 덕분에 항상 바른 길을 추구할 수 있었던 것 같다. 하지만 돌아보면 나의 길은 이미 정해져 있었다.

어린 시절 주일학교 선생님을 따라 교회에 나갈 때 이미 하나님은 나의 길을 정해 놓으셨다. 선교사가 세운 고등학교를 다니면서 교목 선생님들과 가까이 지냈는데 교목 선생님들은 나에게 목사가 되라고 권하셨다. 나는 목사가 된다는 것이 부담스러웠고 장로가 되어 교회를 섬기고자 했다.

고등학교 시절 보람 있는 일을 하겠다고 보육원에서 미감아들과 함께 지내면서 아이들을 돌보았지만 그때는 사명을 깨닫지 못했다. 그러나 아버지를 천국으로 보내는 과정에서 서원을 하고, 결국에는 목사가 되어 사람들에게 길 되시는 예수님을 전하며, 영원한 생명의 길을 안내하는 삶을 살고 있다.

우리는 날마다 길을 간다. 우리 앞에는 다양한 길이 있다. 바른 길을 가야 한다. 차는 차도를 달려야 하고, 기차는 레일 위로 달려야 한다. 눈에 보이지 않지만 바다에도 길이 있고 하늘에도 길이 있다. 정해진 길을 가야 사고가 나지 않는다. 성도들은 하나님께서 정해 놓으신 길을 가야 한다. 그 길은 사람들이 즐겨 가는 넓은 길이 아니고, 찾는 사람들이 적고 좁은 길이다. 그 길은 믿음의 길이요, 사랑의 길이요, 소망의 길이다.

우리는 단 한 번의 삶을 산다. 그래서 일생이다. 우리는 내일을 모르고 산다. 하루하루 날마다 가보지 않은 길을 간다. 그래서 기대감도 있지만 두려움도 있다. 아무리 길이 험해 보여도 우리가 믿음을 가지면 그 길은 평탄한 길이 된다. 우리는 믿음의 길을 가면서 예수님께서 보여주셨던 삶을 살아야 한다. 그 삶은 낮아져서 섬기는 것이다. 예수님은 섬기기 위해서 오셨다. 우리는 예수님을 본받아 사랑의 길을 가야 한다. 그리고 영원한 하나님 나라를 기대하면서 소망의 길을 가야 한다.

이것이 성도들에게 정해진 길이다. 이 길을 갈 때 하나님께서 기뻐하시고 함께하신다. 믿음과 사랑과 소망의 길을 걸으며 믿음의 역사를 나타내고, 사랑으로 수고하고 소망으로 인내하는 성도들이 되어야 한다.

하나님은 광야에서 이스라엘을 인도하실 때 앞서 행하셨다. 낮에는 구름 기둥으로 밤에는 불 기둥으로 인도하셨다(출 13:21). 내가 생각하는 목회는 짐승들에게 하듯 뒤에서 몰아가는 것이 아니라 앞장서서 길을 가는 것이다. 목회자가 먼저 길을 가면 성도들은 따라오게 되어 있다.

그동안 믿음의 길, 사랑의 길, 소망의 길을 걸으며 경험한 하나님의 은혜를 잊지 않고 나누고자 칼럼으로 남겨두었었는데 이번에 그 글들을 모아 『길』이라는 제목의 책을 출간하게 되었다. 이 글들은 〈크리스찬 연합신문〉에 게재되었던 원고들이다.

지금까지 여러 권의 책을 냈다. 항상 묶고 나면 부족함이 느

껴져 아쉬움이 남지만 부디 믿음과 사랑과 소망의 길을 걸어가
는 데에 작으나마 도움이 되었으면 좋겠다.

사랑이 있는 마을에서

안도현 목사

차 례

Part 1

믿음의 길

뿌리가
어딘가

미국으로 이민을 떠났던 지인이 19년 만에 한국을 방문했다. 그분에게서 이민 2세, 3세들의 사는 이야기를 들었다. 이민 2세, 3세는 한국을 모른다. 미국에서 태어나서 자랐고, 미국 시민권자이며 영어를 사용한다. 그런데 외모가 동양인이기 때문에 사람들은 "너, 어디서 왔니?"라고 묻는다고 한다.

이민 2세, 3세들의 이야기를 들으면서 뿌리를 생각했다. 미국에서 태어나서 자랐어도 외모가 바뀌지 않는 한 그들은 평생 "너 어디서 왔니?"라는 질문을 받으면서 살 것이다. 본질이 바뀌지 않으면 바뀐 것이 아니다. 우리는 입양아들이 성장해서 정체성 혼란을 겪다가 낳아준 부모를 찾는 모습을 종종 본다. 낳아준 부모가 그립고 보고 싶어서 그런 것일까? 그것보다는 자신의 정체성을 찾기 위해서이다.

우리의 근본 뿌리는 하나님이시다. 성경은 누가복음에서 족보를 통해서 이 사실을 밝히고 있다. 누가복음의 족보는 이렇게 끝을 맺고 있다. "그 위는 에노스요 그 위는 셋이요 그 위는 아담이요 그 위는 하나님이시니라."(눅 3:38). 그러면 무엇으로 우리의 정체성, 그리스도인이라는 것을 증명할 수 있을까?

항상 무사안일 하게 10년을 한 직장에서 지낸 사람이 있었다. 이 사람은 창의력을 전혀 발휘하지 않고 주어진 일에 적당히 대처하며 지냈다. 이런 소극적이고 불성실한 태도로 인해 이 사람은 승진에서 계속 밀려났다. 그는 회사 고위 간부에게 하소연을 하며 "그래도 내게는 10년간의 경험이 있습니다."라고 말했다. 그러자 그 간부가 정색을 하고 말했다. "바로 그 점이 당신의 문제입니다. 당신은 한 해의 경험을 10회나 반복했을 뿐 달라진 것은 없습니다." 몇 십 년 동안 신앙생활을 했어도 달라진 것이 없다면 하나님은 어떻게 보실까?

알렉산더 대왕은 33세에 세계를 정복했다. 그가 불법한 군인을 색출하여 징계하던 때에 매우 인물이 좋은 군인이 잡혀왔다. 그의 죄목은 적 앞에서 도망쳤다는 것이었다. 알렉산더는 이 비겁한 자를 보고 참을 수 없었으나 부드럽게 그를 향하여 "너의 이름이 무엇이냐?"라고 물었다. 그때 그 군인이 부들부들 떨면서 "알렉산더입니다."라고 대답했다. 이 말을 들은 알렉산더 대왕은 그 군인을 들어 땅에 던지면서 "너의 행동을 고쳐라. 그렇지 않거든 너의 이름을 고치라."라고 하였다.

그리스도인은 이름에 합당하게 행동을 고치는 변화를 받아야 한다. 그런데 그 변화는 스스로 되는 것이 아니라 그리스도와 연합할 때 가능하다. 많은 사람들이 의지력으로 뭔가를 해보려고 하지만 본성의 변화는 내 힘으로는 절대로 되지 않는다. 주님의 은혜를 힘입어야 한다.

기포드 쇼는 "개인의 변화이든 조직의 변화이든, 모든 긍정적인 변화는 내면에서 시작된다."라고 말했다. 정확한 지적이다. 내면의 변화는 자신의 소리를 듣는 것에서부터 출발한다. 한마디로 자기 영혼의 소리를 들어야 한다. 그래야 변화의 폭과 깊이가 생기며 그것을 바탕으로 진정한 승부를 낼 수 있다.

그렇다면 어떻게 자신의 영혼의 소리를 들을 수 있을까? 그것은 간단하다. 자신만의 시간과 공간을 가지면 된다. 끊임없이 열정을 가지고 하루하루를 즐기는 사람은 예외 없이 자신만의 시간을 갖는다. 그들은 마음의 여유를 갖고서 자신의 영혼이 하는 말에 귀 기울일 장소와 시간을 갖고 있다. 그렇기 때문에 어떤 상황에서도 자기 자신을 잃지 않고 승리하는 법을 안다.

파스칼은 "인간의 가장 큰 문제는 혼자 방안에 조용히 앉아서 생각할 시간을 갖지 않는 것이다."라고 말했다. 대부분의 사람들은 너무 바빠서 일을 멈추고 조용히 생각할 시간을 갖지 못한다. 그러나 탁월한 성과를 내는 사람들은 항상 생각할 시간을 갖는다.

우리는 나만의 시간을 가져야 한다. TV도 끄고 휴대폰도 끄고 조용히 나만의 시간을 마련해야 한다. 그리고 생각해야 한다. '나는 누구인가? 나의 사명은 무엇인가? 나의 비전은 무엇인가? 어떻게 성공적인 인생을 살 것인가?' 여기에 집중해서 생각하는 시간을 많이 가지면 가질수록 우리는 성공적인 인생을 살게 된다.

보이는 것과 보이지 않는 것

외모 지상주의 시대를 사는 요즘 사람들은 보이는 것에 지나칠 정도로 신경을 쓰는 반면에 보이지 않는 것은 등한히 한다. 그러나 보이는 것보다 보이지 않는 것이 더 중요하고, 보이는 능력보다 보이지 않는 능력이 더 강하고 영향력을 발휘할 수 있다. 눈에 보이는 권력은 사람의 몸만 움직이게 하지만 보이지 않는 사랑은 사람의 마음까지 움직이게 할 수 있다.

또한 보이는 것보다 보이지 않는 것이 더 문제가 될 수 있다. 앞에서 직접 대놓고 반대를 하고 힘들게 하는 사람이 있다. 그런데 그런 사람보다 더 힘든 사람은 뒤에서 보이지 않게 뒷담화를 하면서 가시 역할을 하는 사람이다.

사람들의 삶 중에서 거의 대부분은 남들을 의식하고, 보여주기 위한 것이다. 그렇기 때문에 보이는 것은 거의 대부분 가식일 수 있다. 사람들이 많으면 준비를 열심히 하지만 몇 명 안 되면 대충한다. 사람들이 많으면 신이 나서 목소리를 높여서 자기 능력 이상으로 말을 하지만 사람이 적으면 실망하여 최선을 다하지 않는다. 이것이 보이는 것에 의존된 사람의 모습이다.

누가 보지 않아도 성실하게 행할 수 있는 사람이 얼마나 될까? 누가 알아주지 않아도 묵묵히 자신의 길을 가면서 최선을 다할 수 있는 이가 얼마나 될까? 이러한 질문에 모범이 되는 사람은 요셉이다. 요셉은 보디발의 아내가 동침을 요구했을 때 "내가 어찌 이 큰 악을 행하여 하나님께 죄를 지으리이까?"(창 39:9)라고 대답했다. 요셉은 보디발 아내와의 동침은 불륜을 넘어서서 하나님 앞에서 범죄가 된다고 했다.

구전에 의하면 요셉이 이렇게 말하자 보디발의 아내는 처음에는 무슨 말인지 알아듣지 못해 멍한 얼굴을 했다고 한다. 이후 그녀는 무슨 말인지 알아들었다는 듯이 빙그레 미소를 짓고, 이내 화려한 자수로 장식이 된 커튼을 찢어 그것으로 한쪽 구석에 세워져 있는 이집트 신상을 머리에서부터 아래로 내리 씌워 눈이 보이지 않게 가렸다고 한다. 그러고 나서 그녀는 말했다. "자, 요셉. 다 됐어요. 이제 신은 우리를 보지 못해요." 그러자 요셉은 이렇게 말했다고 한다. "그렇지만 나의 신은 여전히 우리를 보고 계십니다. 그분의 눈은 결코 가릴 수가 없습니다. 그분에게는 빛과 어둠이 다르지 않거든요."

요셉의 뛰어난 순결성은 그의 신앙에서 비롯되었다. 그는 누구보다도 '코람데오(Coram Deo)', 즉 '하나님 앞에서'라는 신전(神前) 의식이 투철한 사람이었다. 신앙인이라면 보이는 것보다 보이지 않는 것을 더 중요하게 생각해야 한다.

16세기 교황 율리우스 2세가 천재 미술가 미켈란젤로를 불러 유명한 시스틴 성당의 천지창조 벽화를 그려 달라고 의뢰했다. 당시 이런 제의는 정말 미술 역사상 있을 수 없는 최대의 특권이자 위대한 특권이기에 사람들은 흥분하기 시작했다.

그러나 당사자인 미켈란젤로는 이 엄청난 특권 앞에 흥분하지 않고 오히려 엎드렸다. 그리고 거꾸로 누워 4년 동안 천장만 바라보며 벽화를 그리는 일에 자신의 열정과 땀을 모두 쏟아 부었다. 마침내 그의 전 인생을 바친 벽화가 완성되었는데, 그는 여전히 천장에 붙어서 계속 작은 선을 그려 넣고 있었다.

미켈란젤로와 가까이 지내던 어느 추기경이 성당에 들어와 둘러보더니 "그림이 다 완성되었는데 뭘 그리는가? 내가 볼 때는 다 끝났는데?"라고 말했다. 이때 미켈란젤로는 이렇게 말했다. "내가 볼 때는 끝났을지라도 하나님이 보실 때는 아직 안 끝났습니다."

사람의 시선을 의식하지 않고 자신의 신앙에 따라 말없이 충성할 수 있는 것이 신앙의 능력이다. 그렇기 때문에 하나님은 빛도 없이 이름도 없이 일한 일꾼들을 위하여 상을 준비하고 계신다.

바울은 자신이 담대하게 행할 수 있는 비결에 대하여 "이는 믿음으로 행하고 보는 것으로 행하지 아니함이로다."(고후 5:7)라고 말했다. 누가 보아주지 않아도, 알아주지 않아도 오직 하나님만을 바라보면서 봉사하고, 충성하고, 헌신할 수 있어야 한다.

하나님이
지키시는데 왜?

일산의 어느 교회 옥탑 방에서 불이 났다. 아이들이 전기장판을 켜 놓은 상태로 나가버렸기 때문에 과열로 불이 난 것이었다. 저녁 식사를 하다가 창밖으로 불이 난 장면을 목격했던 한 초등학교 1학년 아이가 나에게 물었다. "하나님이 지켜주시는데 왜 불이 났어요?" 설교 때마다 하나님께서 지켜주신다는 말씀을 듣고, 또 그런 기도를 들었기 때문에 그 아이로서는 궁금한 일이었으며 그런 질문을 하는 것은 당연했다.

그 아이의 질문을 받고, 순간적으로 초등학교 1학년 아이에게 하나님의 뜻과 섭리에 관한 진리를 어떻게 알아들을 수 있도록 설명해야 할지 난감했다. 우리는 하나님의 생각과 뜻을 헤아릴 수 없다. 그렇기 때문에 사건 사고가 일어날 때마다 '왜?'라는 질문을 하게 된다.

얼마 전 일본인 저널리스트 고토 겐지(後藤健二)가 이슬람 수니파 무장단체인 이슬람국(IS)에 의해서 참수를 당했다. 그는 중동·아프리카의 분쟁지역을 돌며 무력 갈등이 무고한 시민들에게 얼마나 큰 고통을 안기는가라는 주제를 가지고 저널리스트로 활동했다.

그는 IS의 거점인 시리아로 들어갔다가 IS에 의해 붙잡혔다. IS는 처음에는 거액의 몸값을, 나중엔 IS 여성 테러리스트와의 맞교환을 요구했다. 그러다 협상이 여의치 않자 그를 참수했다. 일본 열도는 물론 전 세계가 큰 충격과 깊은 슬픔에 잠겼다.

1997년 기독교 신앙에 입문한 그는 분쟁지역을 돌며 그 지역에서 자라는 아이들에게 큰 관심을 두었다. 『우리는 다이아가 아닌 평화를 원한다 : 소년병 무리아의 고백』이란 책을 통해 시에라리온의 소년병 실태를 고발하는가 하면 취재를 진행하면서 국제아동구호 기구인 유엔아동기금의 일을 돕기도 했다.

그는 위험천만한 현장을 누비면서도 "난 끔찍한 장면을 목격하기도 했고, 때론 목숨을 잃을 위험에 처하기도 했다. 그러나 하나님이 언제나 나를 지켜주신다는 것을 잘 안다."라고 고백하는가 하면 "주 너의 하나님을 시험하지 말라."라는 누가복음의 말씀을 인용하면서 온갖 위협과 맞섰다.

그가 붙잡혔을 때 살려달라고 얼마나 간절히 기도를 했을까? 그러나 그는 죽고 말았다. 하나님은 왜 나쁜 사람들은 벌주거나 빨리 제거하지 않으시고 내버려두시는 것일까? 하나님은 왜 선하고 착한 사람, 이 세상에서 필요로 하는 사람들을 빨리 데리고 가시는 것일까? 이런 식의 질문을 하면 끝이 없다.

스페인의 파이레니이스 산맥에 큰 불이 났다. 주민들은 좋은 포도원이 다 타버린 것을 바라보며 한없는 실망에 빠져서 한숨을 쉬었다. 그런데 심한 화재로 깨어진 바윗돌 틈바구니로 빛이 나는 것이 있어서 확인해 보았더니, 그것은 바위 속에 함유되어 있는 은이 녹아서 뭉쳐진 것이었다. 주민들은 값비싼 은이 자기들의 농장 주변에 그처럼 많이 있다는 것을 전혀 몰랐다. 포도원이 다 타버려서 낙심 가운데 있던 주민들에게 뜻밖의 큰 부요가 기다리고 있었던 것이었다.

이렇듯 이 세상에는 언뜻 보기에 좋지 않고, 불행하고, 실패한 것처럼 보이지만 나중에 그것이 도리어 유익이 되는 경우도 많다. 사람들은 그것을 전화위복이라고 한다. 사람들은 전화위복을 말하지만 그 배후의 손길에 대해서는 말하지 못한다. 그러나 하나님을 믿는 우리는 당장 사건 사고의 의미를 설명할 수 없을지라도 그 배후에 선하신 하나님이 계시고, 하나님의 선하신 뜻이 있고, 하나님께서 허락하신 것이라는 것을 믿는다.

하나님의 아들 예수님이 왜 십자가의 고통을 당해야 했을까? 하나님은 구원을 위해 십자가를 필요로 하셨기 때문에 독생자 예수 그리스도까지 십자가의 고통을 당하시고 죽도록 내버려 두셨다. 예수님의 죽음은 많은 열매를 맺게 하는 한 알의 썩어진 밀알이었다. 고토 겐지의 죽음도 한 알의 밀알임을 믿어 의심치 않는다.

하나님은 필요할 경우 함께 고통당하시며 우리에게 고통을 허락하신다. 또 가슴 아파하시면서 우리를 어려움 가운데 내버려 두신다. 그리고 아시면서도 때때로 실패하도록 하신다. 이것이 하나님의 뜻이고 섭리이다.

세상의 소리,
하나님의 소리

요즘 매스컴에서 온갖 건강 보조식품들이 특효약인 것처럼 선전되고 있다. 건강 프로그램이 유행하면서 건강 관련 정보들이 날마다 홍수처럼 쏟아지고 있다. 그러다보니 사람들이 모인 자리에서 누가 몸이 아프다거나 불편하다는 말을 하면 너도 나도 의학 박사인양 들은 말들을 쏟아낸다.

사랑이 있는 마을에 오는 환우들도 그렇다. 환우들끼리 서로 모여서 이야기를 나누면 거의 대부분은 '무슨 약이 좋다더라.'라는 것이다. 그런데 그 약값들이 터무니없이 비싸다. 그래도 환우들은 절박한 상황에서 혹시나 하고 사게 되는데 대부분 별

도움을 받지 못한다.

성경을 보면 하나님은 "나는 너희를 치료하는 여호와임이라."(출 15:26)라고 자신을 계시하고 있다. 그리고 하나님을 경외하는 자에게 "치료하는 광선을 비추리니 너희가 나가서 외양간에서 나온 송아지 같이 뛰리라."(말 4:2)라고 말씀하고 있다.

요즘 사람들은 건강을 위한다고 음식을 심하게 가린다. 특히 암 환우들은 의사의 말만 듣고 영양실조로 죽어가는 줄도 모르고 음식을 가린다. 그런데 성경을 보면 "하나님께서 지으신 모든 것이 선하매 감사함으로 받으면 버릴 것이 없나니"(딤전 4:4)라고 말씀하고 있다. 그러나 사람들은 하나님의 말씀보다는 사람의 말을 더 믿는다.

우리가 살아가는 지금 이 시대는 온갖 거짓말들이 난무하고 있다. 사람들은 무엇이 참이고 진리인지 몰라서 혼란스러워하며 우왕좌왕하고 있다. 소리에는 크게 두 가지가 있다. 하나는 세상의 소리이고, 또 하나는 하나님의 소리이다. 하나님의 자녀는 세상의 소리에 관심을 갖지 않고, 하나님의 음성에 귀 기울이는 사람이다. 신앙생활은 하나님의 소리를 듣고 그 소리에 순종하며 헌신하는 것이다. 우리가 교회에 나오는 것도 하나님의 소리를 듣기 위해서이다.

성경은 하나님의 소리를 들으며 살았던 사람들의 모습을 보여주고 있다. 아브라함은 우상의 도시 갈대아 우르에서 살았다. 아브라함은 그곳을 떠나라는 하나님의 소리를 들었다. 그가 75세의 나이에 고향을 떠나려고 사람들에게 인사를 했을 때, 사람들이 얼마나 많이 만류했겠는가? 그러나 아브라함은 하나님의 소리에 귀를 기울이고 순종했다.

모세는 호렙 산 광야에서 하나님의 소리를 들었다. 모세는 그 하나님의 소리를 듣고 자기의 사명을 깨달았다. 그는 바로에게 나아가 "내 백성을 보내라."라는 하나님의 말씀을 선포했다. 많은 위협이 있었지만 모세가 하나님의 소리에 순종했을 때 하나님은 열 가지 재앙으로 바로를 굴복시키셨고, 모세는 이스라엘 백성을 이끌고 출애굽 할 수 있었다.

하나님의 소리는 진리의 소리, 평화의 소리, 기쁨의 소리이다. 그러나 세상의 소리는 거짓과 미움과 욕심의 소리요 원망과 불평의 소리이다. 세상의 소리가 너무 크면 하나님의 소리가 들리지 않는다. 우리가 하나님의 소리를 들으려면 마음을 비우고 욕심을 버려야 한다. 그리고 마음을 열고 우리의 영혼의 귀를 열어야 한다.

예수님이 진리를 가르쳐도 바리새인들이나 관원들은 전혀 깨닫지 못했다. 그래서 예수님은 들을 귀 있는 자는 들으라고 말씀하셨다. 오늘 나는 어느 소리에 귀를 기울이고 있는가? 하나

님의 소리를 들으면서도 사람의 말을 더 신뢰하여 사람의 방법
을 고집하고, 하나님의 소리를 들으면서도 나의 것을 포기하지
못해서 계속 세상의 소리에 귀 기울이고 있지는 않은가?

우리가 하나님의 소리를 들으려면 어떻게 해야 할까? 때때로
침묵 속에서 세미하게 들려오는 하나님의 소리를 기다려야 한
다. 하나님 앞에 오래 앉아 있어야 한다. TV 앞에만 앉아 있는
사람은 하나님의 소리를 들을 수 없다. 틈틈이 홀로 있는 시간
을 갖고 하나님의 말씀을 묵상하면서 고요한 중에 들려오는 하
나님의 소리를 기다려야 한다.

나는 한 번도 예산 계획을 세워본 적이 없다. 목회 프로그램도 만들어 본 적이 없다. 형식도 중요하지만 너무 형식에 매이다 보면 본질을 잃어버리기 쉽다. 나는 그 폐단을 잘 알고 있다. 그렇기 때문에 아무런 계획을 세우지 않는다.

많은 사람들이 계획 없이 사는 나의 삶을 이해하지 못한다. 나는 사랑이 있는 마을에서 사역하면서 무계획이 최고라는 것을 경험했다. 그래서 사랑이 있는 마을에는 틀에 짜인 프로그램이 없다. 뭔가를 하려고 하면 그것이 하나님을 바라보고 의지하는 데 장애가 된다.

그동안 수많은 환자들이 사랑이 있는 마을을 거쳐 갔다. 사랑이 있는 마을만큼 좋은 자연 환경도 없다. 생명력이 넘치는 자연 속에서 마음을 비우고 내려놓으면 몸이 살아난다. 면역력을 강화하면 자연 치유를 경험할 수 있다. 그런데 문제는 돈이다. 돈이 있으면 이것저것 하느라고 자연 치유를 경험하지 못한다. 나는 그동안 환우들을 돌보면서 돈이 없어야 치료가 된다는 사실을 알게 되었다.

어떤 분이 나에게 "어떤 방법으로 응답을 받습니까?"라고 물었다. 대개 사람들은 "낫게 해 주세요."라고 부르짖을 때 응답 받았다고 말한다. 물론 그럴 수 있다. 그러나 지고하신 하나님을 너무 단순하게 사람처럼 생각하면 안 된다.

부부가 같이 오래 살다보면 말이 필요 없어진다. 말을 하지 않아도 눈빛, 몸짓만 봐도 서로가 무엇을 원하는지 알 수 있다. 아내는 밥을 달라고 하지 않아도 때가 되면 알아서 차려준다. 어떤 필요가 있을 때 굳이 이렇게 저렇게 해 달라고 하지 않아도 서로 알아서 필요를 채워준다. 이것이 인생을 동행하는 부부 관계이다.

하나님과의 관계도 마찬가지이다. 우리가 하나님과 동행하면 하나님께서 구하기 전에 다 알아서 해주신다. 그렇기 때문에 예수님은 "기도할 때에 이방인과 같이 중언부언하지 말라 그들은 말을 많이 하여야 들으실 줄 생각하느니라 그러므로 그들을 본

받지 말라 구하기 전에 너희에게 있어야 할 것을 하나님 너희 아버지께서 아시느니라.”(마 6:7-8)라고 말씀하셨다.

많은 사람들은 하나님께 기도할 때 ‘이렇게 해 주시면 이렇게 하겠습니다.’라며 상업적인 거래를 한다. 하나님은 아쉽고 부족한 것이 없기 때문에 우리와 거래할 분이 아니시다. 하나님은 우리가 기도로 가까이 나아오기를 원하실 뿐이다.

하나님은 우리의 필요를 아신다고 했다. 무엇을 먹을까 입을까 구하지 말라고 하셨다. 하나님은 우리의 삶을 책임져 주신다. 그러므로 우리는 다만 하나님의 나라와 그의 의(義)를 구하면 된다. 그러면 나머지는 하나님께서 알아서 채워주시고 해결해주신다. 우리에게 중요한 것은 하나님과 함께하는 것이다. 하나님과 함께하기만 하면, 하나님과 동행하기만 하면 어렵게 구하지 않아도 하나님께서 역사(役事)하신다.

엘리야는 호렙 산에서 바알과 아세라 선지자 850명과 영적 대결을 벌였다. 1대 850, 말도 되지 않는 싸움이었다. 바알과 아세라 선지자들이 불로 응답해 달라고 하루 종일 부르짖었지만 응답이 없었다. 이어서 엘리야가 나섰다. 엘리야는 “이 백성에게 주 여호와는 하나님이신 것과 주는 그들의 마음을 돌이키심을 알게 하옵소서.”(왕상 18:37)라고 기도했다. 엘리야는 불을 내려 달라고 하지 않고 여호와가 하나님이신 것을 알 수 있게 해 달라고 했다. 그런데도 하나님은 불로 응답하셨다.

엘리야는 자신에게 필요한 것을 구하지 않고 하나님에게 필요한 것을 구하였다. 그런데 사람들은 하나님이 아니라 오로지 자기 자신에게 필요한 것, 세상적인 것, 육적인 것만 구한다. 하나님은 그런 기도를 기뻐하지 않으신다.

자신을 위해 계획을 세우고 애쓰고 힘쓰며 살고 있는가? 그럴 필요 없다. 하나님께 모두 맡기고 하나님과 동행하면 된다. 계획한다고 해서 되는 것이 아니다. 사람이 마음으로 계획할지라도 걸음을 인도하시는 이는 하나님이시다(잠 16:9). 세상 끝 날까지 함께하시겠다고 하신 주님의 약속을 기억하며 주님과 동행하며 살아야 한다.

무슨 독을
마실지라도

원인불명의 피부병, 당뇨로 인해 발이 심하게 부패되어 절단을 해야 하는 환자들이 단 3개월의 해독으로 인해서 깨끗하게 치유가 되었다고 한다. 그래서 요즘 해독 식단에 대한 궁금증이 높아가고 있다.

독이 만연한 세상이다. 그러다보니 자연히 해독 프로그램들이 관심을 받을 수밖에 없다. 음식이라고 다 몸에 좋은 것이 아니다. 우리가 주의해서 먹어야 할 음식들이 있다. 몇 년 전 산에서 채취한 버섯을 칼국수에 넣어 먹었다가 죽을 뻔했던 사건이 있었다. 버섯을 정확히 구분하지 못해 독버섯이 일부 섞였고, 그로 인해 함께 식사했던 사람들이 병원에 실려 가는 일이 일어났었다.

우리가 흔히 먹는 감자에도 솔라닌(solanine)이라는 독이 들어 있다. 주로 싹이 난 부분과 녹색 부분에 솔라닌이 들어 있다. 극미량은 인체에 해를 주지 않지만 많이 섭취하면 중추신경에 영향을 주며 솔라닌에 중독이 되면 구토, 메스꺼움 등 두통과 어지럼증이 생기고, 심한 경우 목구멍이 타는 느낌과 환각 증세와 저체온증이 나타난다.

매실처럼 통 씨앗이 있는 살구나 복숭아, 아몬드 등의 씨앗에도 독이 있다. 그 독은 아미그달린이다. 은행에도 메칠 피리독신이라는 독이 있어 반드시 가열해 먹어야 하고, 생 고사리에는 발암물질인 프타킬로사이드 성분이 있어서 삶고 불리고 헹궈서 먹어야 한다. 목화씨에도 고시폴이라는 독성 물질이 있다.

우리가 먹는 가공 음식에는 온갖 첨가 물질이 들어 있다. 첨가 물질도 독이다. 현재 시판 중인 음료수나 술, 여러 가공식품류에 설탕보다 200배나 더 단맛을 내는 아스파탐이라는 화학물질이 첨가되어 있는데 이것은 치명적인 발암물질로 뇌종양, 우울증 등 88가지 질병을 유발할 수 있다. 알고 나면 먹을 것이 별로 없다.

음식뿐만이 아니다. 이 세상에는 마음에 독을 주입하는 건전하지 못한 책들이 부지기수이고, 사람들이 하는 말에도 악독이 가득하다. 그래서 성경은 "혀는 능히 길들일 수 없나니 쉬지 아니하는 악이요 죽이는 독이 가득한 것이라."(약 3:8)라고 했다. 독한 말로 마음에 상처를 입으면 그 상처는 평생을 간다.

그러면 우리는 이 독의 문제를 어떻게 해결해야 할까? 예수님의 피 밖에 없다. 예수님의 피로써 씻어야 한다. 보혈로 해독해야 한다. 이스라엘 백성들이 마라에 이르렀을 때 그곳 물이 써서 마시지 못했다. 그때 모세가 부르짖으니 하나님께서 한 나무를 가리키셨고, 모세가 그 나무를 물에 던지니 달게 되었다. 그리고 하나님은 "나는 너희를 치료하는 여호와임이니라."(출 15:26)라고 말씀하셨다. 그 한 나무는 예수님께서 달려서 피를 흘리셨던 십자가이다.

마가복음 16장 18절을 보면 "뱀을 집어 올리며 무슨 독을 마실지라도 해를 받지 아니하며 병든 사람에게 손을 얹은즉 나으리라."라고 말씀하고 있다. 어떤 사람이 이 말씀을 가지고 기독교인들에게 도전을 했다. "정말 이 말씀을 믿는다면 어디 바울처럼 독사에게 물려봐라. 그리고 죽지 않은 것을 보이라. 그렇지 않으면 이 말씀은 사기이다." 성경을 문자적으로만 받아들이는 것도 문제이지만 이것은 하나님을 시험하는 일이므로 당연히 거부해야 마땅하다.

예수님이 공생애를 시작하시면서 광야에서 시험을 받으실 때

마귀는 예수님을 성전 꼭대기에 세우고 뛰어내리라고 했다. 마태복음 4장 6절을 보면 "그가 너를 위하여 그의 사자들을 명하시리니 그들이 손으로 너를 받들어 발이 돌에 부딪치지 않게 하리로다."라고 하지 않았느냐 라고 하면서 하나님의 말씀이 옳다면 증명해 보이라는 것이었다.

이에 대해 예수님은 "또 기록되었으되 주 너의 하나님을 시험하지 말라 하였느니라."라고 마귀의 유혹을 단호하게 거절했다. 우리는 하나님을 시험하면 안 된다. 그러나 우리가 온전히 하나님을 믿고 의지하며 살면 하나님은 우리가 무슨 독을 마실지라도 해를 받지 않도록 우리를 지켜주신다.

네 믿음이 너를 구원하였다

종종 사람들에게 칭찬을 받는다. 칭찬받는 일은 좋은 일이지만 지나쳐서 칭송이 되면 위험하다. 나에게 좋은 감정을 가진 사람들이 조금 지나쳐서 '신선을 만난 것 같다.'라고 말하거나 '성자'라고 부르는 경우가 있는데 이것은 결코 바람직한 일이 아니다.

탕자였던 어거스틴이 회심을 한 후 성자라는 말을 듣게 되었다. 그러자 어거스틴은 자신의 죄를 적나라하게 드러낸 『고백론』을 저술했다. 자신은 죄인일 뿐이고 하나님의 은혜 때문에 오늘의 자신이 존재함을 밝혔다. 자신을 알고 하나님의 은혜를 아는 것이 중요하다. 그러면 자신을 자랑하는 어리석은 일을 하지 않게 된다.

그런데 일부 목회자들이 교회를 크게 성장시켰다고 자신을 드러내고 자랑한다. 그들에게서 교만한 모습이 보인다. 그런데 어찌된 일인지 본인은 그것을 모르고 점점 더 자신을 과시하고 다닌다. 교만은 패망의 선봉이고 넘어짐의 앞잡이다.

말할 때마다 '내가, 내가'하는 사람은 하나님의 은혜를 모르는 사람이다. 은혜를 받았다 하더라도 그 은혜를 헛되이 하고 있다. 자랑하면 안 된다. 바울은 "네게 있는 것 중에 받지 아니한 것이 무엇이냐 네가 받았은즉 어찌하여 받지 아니한 것 같이 자랑하느냐."(고전 4:7)라고 자랑하는 자들을 질책하고 있다.

자신의 모습을 보지 못했던 라오디게아 교인들은 말하기를 "나는 부자라 부요하여 부족한 것이 없다."라고 했다. 그러나 하나님은 책망하시기를 "네 곤고한 것과 가련한 것과 가난한 것과 눈 먼 것과 벌거벗은 것을 알지 못하는도다 내가 네게 권하노니 내게서 불로 연단한 금을 사서 부요하게 하고 흰 옷을 사서 입어 벌거벗은 수치를 보이지 않게 하고 안약을 사서 눈에 발라 보게 하라."(계 4:17-18)라고 하셨다. 자신의 실상을 볼 수 있는 은혜가 필요하다.

복음서를 보면 예수님께서 수많은 병자들을 고치시는 모습이 나온다. 그런데 그 장면을 보면 예수님께서 '내가 이 일을 했다.' 라고 자신을 드러낸 적이 없었다는 사실을 발견하게 된다. 오히려 병 고쳤다는 사실을 사람들에게 알리지 못하게 하셨다.

어느 날 혈루증을 앓는 여인이 길을 가시는 예수님의 옷자락을 몰래 만졌다. 유대 사회의 풍습으로는 여자가 남자를 만지는 일은 있을 수 없었다. 그런데 이 여인은 마음에 예수님의 겉옷만 만져도 구원을 받겠다고 생각하고 몰래 사람들 틈에서 예수님의 옷자락을 만졌다.

그러나 예수님은 이를 아시고 돌이켜 그 여인을 향하여 "딸아 안심하라 네 믿음이 너를 구원하였다."라고 말씀하셨다. 여기서도 예수님은 자신을 나타내지 않으셨다. "네 믿음이 너를 구원하였다."라고 말씀하셨다(마 9:20-22).

또 한 번은 예수님이 여리고에 가셨을 때 한 맹인이 예수님의 소식을 듣고, "다윗의 자손 예수여 나를 불쌍히 여기소서." 라고 외쳤다. 사람들은 맹인에게 잠잠하라고 야단을 쳤으나 예수님은 그를 데려오라 하시고, "네게 무엇을 하여 주기를 원하느냐."라고 물으셨다. 맹인은 "보기를 원하나이다."라고 하였고, 예수님은 "보라 네 믿음이 너를 구원하였느니라."라고 하셨다(눅 18:35-42).

하나님은 누구는 병을 고쳐주시고 누구는 고쳐주시지 않는 불공평한 분이 아니시다. 하나님은 공평하시고 공정하시다. 병고침은 우리의 믿음으로 받는 것이다. 구원도 마찬가지이다. 하나님은 누구는 천국에 보내시고 누구는 지옥에 보내시는 분이 아니시다. 자신의 믿음에 따라 천국에 가기도 하고 지옥에 가기도 하는 것이다.

"너희는 그 은혜에 의하여 믿음으로 말미암아 구원을 받았으니 이것은 너희에게서 난 것이 아니요 하나님의 선물이라 행위에서 난 것이 아니니 이는 누구든지 자랑하지 못하게 함이라."(엡 2:8-9). 자꾸 '내가, 내가'하지 말라. 잘 된 일이 있다면 자랑하지 말고 하나님의 은혜인 줄 알고 하나님께 영광을 돌리라. 그것이 성도의 마땅한 본분이며 도리이다.

믿음의 승리자

제19대 대통령 선거를 앞두고 치열한 선거전이 있었다. 각 후보는 자신이 적임자라고 주장하며 지지를 호소했다. 마지막 순간까지 자신이 승리할 것이라고 장담했다. 그러나 문 후보가 41.1%로 대통령에 당선되었다.

여러 후보가 최선을 다해 대선 레이스를 달렸고, 때가 되어 승리자와 패배자가 결정되었다. 승리자의 진영에서는 환호하고 축하하며 한없이 기뻐했다. 반면에 패배자의 진영에서는 무거운 침묵이 흐르는 모습을 보였다. 패배한 쪽에서는 왜 패배했는지 달려온 길을 돌아보며 아쉬워했다.

TV를 통해 그 모습을 번갈아 보면서 우리의 믿음의 경주를 생각했다. 우리도 최후 승리의 영광을 위해서 믿음의 경주를 하고 있다. 그 결과는 우리의 생명이 다하는 날에 결정된다. 예수 그리스도를 믿고, 오직 그 길을 최선을 다해 달린 자만이 승리자로서 하나님 나라에 들어가 의(義)의 면류관을 받게 된다(딤후 4:7-8).

사도 바울은 자신의 삶을 돌아보면서 자신을 경기장에서 달리는 자로 비유했다. 경주에는 반드시 목표점이 있다. 바울은 고린도교회를 향한 편지에서 "나는 달음질하기를 향방 없는 것과 같이 아니하고"(고전 9:26)라고 했다. 바울은 육상 선수가 금메달을 바라보며, 골인 지점을 향하여 전력 질주하는 것처럼 하나님께서 맡겨주신 모든 임무를 수행한 후 자신이 달려온 길을 되돌아보면서 달려갈 길을 마쳤다고 고백했다. 이런 고백은 누구나 쉽게 할 수 있는 것이 아니다.

우리도 달려야 할 인생길이 있다. 하나님은 성실한 자를 좋아하시고 게으른 자를 싫어하신다. 그러므로 우리는 열심히 달려야 한다. 그런데 오늘날 현대인의 문제는 무엇 때문에 왜 그렇게 정신없이 달리느냐 하는 것이다. 서울로 가야 하는데 방향을 잘못 잡아서 부산으로 가는 길을 달리고 있다면 빨리 달릴수록 목표에서 멀어지는 것이다. 우리가 인생길을 달리는 데 있어서 중요한 것은 속도가 아니라 방향이다. 사람들이 흔히 쓰는 말

중에 '왠지 불안하다.'라는 말이 있다. 이 말은 인생의 뚜렷한 목표가 없기 때문에 자신이 지금 달리고 있는 인생길에 대해서 확신이 없기 때문에 하게 되는 말이다.

오늘날 사람들의 관심은 오래오래 잘 먹고 잘 사는 것이다. 성경을 보면 므두셀라라는 사람이 가장 오래 살았는데, 969세를 살았다. 그런데 성경은 그에 대해여 기록하기를 "므두셀라는 백팔십칠 세에 라멕을 낳았고 라멕을 낳은 후 칠백팔십이 년을 지내며 자녀를 낳았으며 그는 구백육십구 세를 살고 죽었더라."(창 5:25-27)라고 했다. 이것이 969세를 살았던 므두셀라의 인생이었다.

사람은 누구나 나서 죽는다. 하나님께서는 우리가 얼마나 오래 사느냐에 관심을 두시기보다는 어떻게 사는가에 깊은 관심을 두고 계신다. 그렇기 때문에 성경은 하나님의 관심사를 좇아 산 사람들에 대해 많은 지면을 할애하고 있다.

신약 성경은 복음서 빼고 거의 대부분이 사도 바울의 이야기이다. 그것은 그가 '오직 하나님께 영광'이라는 목표를 가지고 인생을 살았기 때문이다. 그는 먹든지 마시든지 무엇을 하든지 하나님의 영광을 위해서 살았다.

지금 이 시대는 황금이 우상이 되었다. 사람들에게 최고의 가치는 돈이다. 그러나 하나님께서는 우리가 얼마나 많은 재물을 모으느냐에 관심을 갖지 아니하시고, 그 재물을 어떻게 사용하는지를 지켜보고 계신다.

이제 우리는 잠시 바쁜 걸음을 멈추고 지금 내가 가장 중요하게 생각하는 것이 무엇인지를 진지하게 점검해 보아야 한다. 가장 중요하게 생각되는 것이 지금 우리가 달리고 있는 인생길의 목표이기 때문이다. 그동안 우리의 목표가 분명하지 못했다면 다시금 바울과 같이 무슨 일을 하든지 '오직 하나님께 영광'이라는 분명한 목표를 설정해야 한다.

기적은
지금도 일어난다

인생을 살면서 알게 된 사실 중 하나는 사람의 마음은 결코 쉽게 바뀌지 않는다는 것이다. 우리는 종종 '저 사람은 절대로 안 바뀐다.'라는 말을 듣는다. 정말 옹고집으로 사는 사람들이 많다. 나이가 들수록 점점 가능성이 줄어드는 것이 바뀌는 일이다. 그래서 전도를 해도 노인들보다는 젊은 사람들, 젊은 사람들보다는 아이들을 대상으로 삼는다.

그런데 바위처럼 꿈쩍하지 않던 노인들이 바뀌는 경우가 있다. 완고한 노인들에게서 도무지 기대할 수 없었던 변화가 일어나면 가족이나 주변 사람들은 입을 모아 기적이라고 말한다. 기적은 하나님의 영역이다. 하나님께서 역사하시면 어떤 완고한 사람도 변화될 수 있다.

얼마 전 70세를 일기로 세상을 떠난 강○○ 노인의 장례를 집례했다. 이분의 장례를 집례하게 될 줄은 정말 몰랐다. 이분의 어머니는 자식이 어렸을 때부터 절에 다니면서 공을 들였다. 대한민국의 유명한 절에 등이 안 걸린 곳이 없을 정도로 지극정성으로 자식을 위했다.

이런 분이 마지막 순간에 예수님을 믿고, 기독교인이라고는 전혀 없는 가정에서 기독교식으로 장례식을 하게 된 것은 정말 놀라운 일이 아닐 수 없다.

도대체 무슨 사연이 있었을까? 무슨 계기로 예수님을 믿게 되었을까? 이분은 사랑이 있는 마을에서 2박 3일을 지낸 적이 있었다. 사랑이 있는 마을에서는 예배를 드리지만 비신자들도 찾아오기 때문에 예배를 강요하지 않는다. 자유롭게 원하는 사람만 참여한다. 오히려 그것이 사람들의 마음을 열게 하는 것 같다.

비신자들, 타 종교인들이 사랑이 있는 마을에 머무는 동안 스스로 마음을 열고 기독교인이 되기 원하여 침례까지 받는 경우들이 종종 있었다. 마침 강○○ 노인이 머무는 동안에도 다른 사람들이 예수님을 영접하는 일이 있었다.

그는 그 모습을 지켜보았다. 하지만 그분은 아무 내색을 하지 않았다. 그런데 나중에 알고 보니 자신도 그러고 싶은 마음이 있었다. 마치 삭개오가 예수님을 만나고 싶었지만 만나지 못하고 나무 위에 올라가 예수님을 바라보았듯이 그렇게 바라만 보았던 것이다.

강○○ 노인은 집으로 돌아간 후 90세가 넘은 어머니에게 "저를 좀 이해해 주세요. 저는 이제 하나님 앞으로 가야겠습니다."라고 양해를 구했다. 또 자식들에게는 나와 함께 지내면서 감동을 받은 이야기를 하고는 성경을 구해달라고 부탁을 했다. 성경을 받자 그분은 자식들에게 성경 앞 뒤 여백지에 하고 싶은 말들을 써 달라고 했다. 그리고 자식들에게 "예수 잘 믿어라."라는 말을 했다. 그 말을 들은 자식들은 깜짝 놀랐다. 아버지 입에서 절대로 나올 수 없는 말이었기 때문이었다.

그리고 그분은 8시간 가족들과 이런 저런 이야기를 나누고 난 후 세상을 떠났다. 가족들은 아버지의 마지막 모습을 이해할 수가 없었다. 그래서 그분의 아내가 나에게 전화를 하여 자초지종을 이야기하고 장례를 어떻게 했으면 좋겠느냐고 물었다.

나는 기꺼이 맡아서 하겠노라고 했다. 악기반과 같이 장례에 배를 드렸다. 그분이 성경을 받고 처음 펼쳤을 때 보게 된 곳이 시편 23편이었다. 며느리 되는 분이 시편 23편 노래가 있느냐고 해서 장례식 때 '여호와는 나의 목자시니' 찬양을 불렀다.

그분들은 기독교 장례식은 처음이어서 악기반이 참여하여 장례 예배를 드리는 것이 일반적인 것인 줄로 알았던 모양이었다. 나중에 주변의 교인으로부터 그것은 특별한 일이라는 말을 듣고, 큰 혜택을 받은 줄 알고 고마운 마음에 장례 후 온 가족이 우리 교회로 나와서 예배에 참석하였다.

절대로 예수님을 믿을 것 같지 않은 분들이 극적으로 예수님을 믿고 돌아가심으로 주변 사람들을 놀라게 하고, 그의 죽음이 선물이 되어 구원의 역사가 일어나는 일들을 종종 경험한다. 사람은 할 수 없지만 하나님은 무슨 일이든 하실 수 있다. 하나님이 역사하시면 지금도 기적은 일어난다.

하나님은
잠 잘 때 일하신다

A 목사님이 뜻하지 않은 자동차 사고로 한 달간 중환자실에 있다가 퇴원했다. 교통사고라서 후유증을 걱정했지만 아무 문제가 없었고, 현장으로 돌아가 하던 일을 계속할 수 있게 되었다. 사고 현장을 찍어 놓은 사진들을 보면 살아 있는 것이 기적이다. 시간이 흘러 이제 그때의 일을 곰곰이 생각하며 돌아보면서 참으로 희한하다는 생각이 든다.

A 목사님은 사고로 중환자실에서 무의식 상태로 한 달을 보냈다. 아무 의식이 없었고, 따라서 그 심한 부상을 당하고도 통증을 몰랐다. 의식이 없이 잠만 자던 그 한 달이 A 목사님을 살렸다. 신경외과에서 뇌 다발성 타박상을 담당하고, 정형외과에

서 무릎 골절과 악 안면 골절을 담당하고, 성형외과에서 양쪽 귀가 떨어져 나간 것을 다시 붙여 놓았다. 잇몸 속으로 들어갔던 이도 다시 원상대로 돌려놓았다.

죽은 자와 방불했던 A 목사님이 불과 한 달 만에 퇴원하게 된 것은 의학적으로 설명하기 어려운 일이다. 하나님의 은혜에 감사할 뿐이다. A 목사님이 의식 없이 지내던 그 한 달 동안 하나님께서 친히 만지시고 치료하셨던 것이다. 지금까지 잠이 중요한 것을 알았지만 나는 이 일로 잠 잘 때 하나님이 일하신다는 사실을 새삼 깨닫게 되었다.

하나님은 우리 인체를 밤에는 반드시 잠을 자도록 만드셨다. 건강, 매력, 그리고 아름다움은 평안하고 깊은 잠에 달려 있다. 암 세포 억제제는 밤 12시부터 3시 경에 분비되고, 잠이 든 후 2시간 후에 분비된다. 하나님은 인체의 세포들을 일 년에 약 90-95%를 교체하도록 만드셨는데 이 일은 주로 잠자는 중에 이루어진다.

하나님은 한 번 말씀하시고 다시 말씀하시되 사람들은 관심이 없다(욥 33:14). 그러면 하나님은 어떻게 하실까? 욥기를 보면 "사람이 침상에서 졸며 깊이 잠 들 때에나 꿈에나 밤에 환상을 볼 때에 그가 사람의 귀를 여시고 경고로써 두렵게 하시니"(욥 33:16)라고 말씀하고 있다.

하나님은 말씀하실 때도 잠을 이용하신다. 잠 잘 때 꿈을 통해서 또는 비몽사몽 중에 환상을 통해 말씀하신다. 요셉에게 꿈으로 미래를 보여주셨고, 바로에게 꿈으로 애굽에 7년 풍년과 흉년이 다가올 것을 보여주셨다. 느부갓네살 왕에게도 꿈으로 미래를 보여주셨다. 바울은 아시아에서 복음을 전하려고 했지만 하나님은 그의 길을 막으시고, 마게도냐 사람 하나가 "마게도냐로 건너와서 우리를 도우라."라는 환상을 통해 그를 유럽으로 인도하셨다(행 16:6-10).

그러면 왜 하나님은 잠 잘 때 일하실까? 성경은 그 이유에 대하여 "이는 사람에게 그의 행실을 버리게 하려 하심이며 사람의 교만을 막으려 하심이라."(욥 33:17)라고 말씀하고 있다. 내 생각대로 하지 못하고 교만할 수 없을 때는 잠 잘 때이다. 그러므로 하나님은 그때에 여러 모양으로 뜻을 보여 주시고 말씀하신다.

이처럼 하나님은 우리가 잠 잘 때 일하신다. 잠 잘 때 말씀하시고, 잠 잘 때 우리 몸을 회복시켜 주시고 치료해 주신다. 하나님의 역사는 내 생각이 없는 잠 잘 때에 이루어진다. 그렇다면 우리는 내 생각 없이 살아야 한다. 바보, 멍청이처럼 살라는 말이 아니다. 내 생각, 내 주장, 내 경험, 내 지식을 앞세우지 말고 하나님의 생각을 받아들이라는 것이다.

　아무튼 잠을 잘 자는 것만큼 중요한 일도 없다. 시편 121편 2절을 보면 "여호와께서 그의 사랑하시는 자에게 잠을 주시는도다."라고 말씀하고 있다. 단잠을 자려면 하나님의 은혜를 입어야 한다. 또한 잠언 3장 21-24절을 보면 건강한 잠을 위해 "내 아들아 완전한 지혜와 근신을 지키고 이것들이 네 눈앞에서 떠나지 말게 하라 그리하면 … 네가 누울 때에 두려워하지 아니하겠고 네가 누운즉 네 잠이 달리로다."라고 말씀하고 있다.

　잠이 달다는 말은 숙면을 의미한다. 마음이 불안하고 두려움이 있어서는 단잠을 잘 수 없다. 그러나 하나님의 뜻대로 살면 마음이 편안해지기 때문에 단잠을 잘 수 있다. 잘 먹고 잘 걷고 잘 자면 건강 문제의 90%는 해결된다.

둔감하게
삽시다

우리나라 사람들의 평균 수명은 OECD(경제협력개발기구) 상위권이다. 그런데 2015년 OECD 조사에 의하면 한국인 중 자신의 건강상태가 양호하다고 생각하는 비율은 OECD 평균의 절반에 못 미치는 32.5%에 불과했다. 이런 통계는 우리나라 사람들의 유별난 건강에 대한 염려 증상을 보여 준다. 오죽하면 파이낸셜 타임지가 "김치와 건강염려증이 한국인을 장수하게 만든다."라고 분석했겠는가!

요즘 우리 국민들의 삶의 질이 계속해서 높아지면서 이에 비례하여 건강에 대한 관심도 꾸준히 높아지고 있다. 건강은 건강할 때 지켜야 한다. 그런데 문제는 관심이 지나쳐 건강염려증

환자들이 생겨나고 있는 것이다. 과유불급(過猶不及)이라는 말
처럼 지나치면 오히려 문제이다.

건강염려증은 복통, 두통, 피로감 등의 사소한 신체적 증상이
나 감각을 비합리적으로 지각하고 심각하게 인식하여 자신이 심
각한 질병에 걸렸다는 마음의 집착과 질병에 대한 공포를 갖고
있는 상태를 말한다. 기침 감기에 걸리면 폐렴이 아닌가 염려하
며 소화가 잘 안되면 위암을 의심하고, 변비가 심하면 대장암에
걸렸다고 믿는 등 자신의 신체 증상에 민감하게 반응한다.

건강염려증은 우리나라에서 한 해 4천명 가까이 진단받는 실
제 질병이다. 건강염려증은 건강보험의 질병 분류 코드에도 등
록된 공식 병명이다. 병원을 찾는 사람 중 4-5%는 건강염려증
환자에 속한다고 한다. 건강염려증 환자는 별다른 이상이 없다
는 의사의 진단을 믿지 않는 것은 물론이고, 몸이 아픈데도 합
당한 치료를 못 받고 있거나 제대로 된 진단을 받지 못해 오진
이라고 생각하고 병원을 돌며 CT, MRI 등 각종 검사를 반복하
는 닥터 쇼핑을 한다. 근래에 공중파나 케이블TV에서 의학 정
보를 다루는 프로그램이 늘고, 인터넷, 소셜 네트워크 서비스
(SNS), 커뮤니티 등을 통해 검증되지 않은 많은 의학 정보들이
난무하면서 나타난 결과이다.

건강염려증은 없는 병을 만들어 낸다. 병보다 더 무서운 것이

건강염려증이다. 중년이 되면 몸 이곳저곳에서 이상 증상이 나타난다. 그러다보니 나이든 사람들의 모임에서의 대화는 대부분 건강에 관한 것이다. 그러면 어떻게 해야 건강염려증을 해소할 수 있을까?

65세 이상 된 노인들을 대상으로 설문조사를 한 결과 살면서 가장 후회한 일은 돈을 많이 벌지 못한 것도 아니었고, 여행 못 간 것도 아니었으며 건강을 챙기지 못한 것도 아니었다. '이렇게 인생이 짧은 줄 알았다면 걱정하지 말고 살 걸'이라는 후회였다고 한다.

염려는 마치 흔들의자와 같다. 흔들거리는 의자에 앉아서 아무리 흔들어 보라. 여전히 제자리에 그냥 있을 뿐이다. 아무리 흔들어도 제자리이다. 아무리 염려해도 제자리일 뿐 한 발자국도 못 나간다. 항상 그 자리에 있을 뿐이다.

사람들이 하는 거의 대부분의 염려는 흔들의자와 같다. 이런 염려는 아무 생산성이 없는 불필요한 염려이다. 염려해서 달라질 것이 있다면 밤낮으로 염려해야 하겠지만 흔들의자와 같은 불필요한 염려라면 빨리 그 염려를 멈춰야 한다. 나는 염려되는 일이 있으면 냉정하게 합리적으로 따져본다. 그래서 염려해봐야 소용없는 일이라고 판단되면 염려를 내던져버린다.

염려하지 말고 살아야 한다. 그러기 위해서는 조금 둔감할 필

요가 있다. 와타나베 준이치(渡辺淳一)는 『둔감력』(鈍感力)이
라는 책에서 "나이가 들어도 건강을 유지하는 사람들의 대부분
은 남의 말을 심각하게 듣지 않는다."라고 했다. 예민한 것만이
좋은 것은 아니다. 오히려 건강하게 사는 데 있어서는 조금 둔
감한 것이 더 좋다.

둔감하게 살아도 되는 이유는 우리 몸에 면역력과 자연치유
력이 있기 때문이다. 우리 몸속에는 100명의 의사가 있다고 한
다. 이것은 우리 몸속의 면역력과 자연 치유력을 가리키는 말이
다. 우리 몸의 면역력을 믿고 어디가 조금 아파도 그러려니 하
고 넘어가면 병이 있다가도 나도 모르는 사이에 자연히 치유가
된다. 염려는 우리 인생에 아무 도움이 되지 않는다. 차라리 둔
감한 사람이 건강하고 행복하게 살 수 있다.

금 수저
흙 수저 논란

    좋은 집안에서 태어났다는 뜻의 '은 수저를 물고 태어난다.' 라는 영어 표현을 확대해서 부모의 재력이 좋아 스스로 노력하지 않아도 잘 살 수 있는 사람을 금 수저, 가난한 부모 밑에서 태어난 사람을 흙 수저에 비유하는 '수저 계급론'이 유행한지도 꽤 되었건만 아직도 수저 계급론에 대한 기사들이 끊이지 않고 있다.

    이런 기사들을 자주 접하다 보면 '노력해도 안 된다. 노력해도 소용이 없다.'라는 생각에 사로잡혀 좌절하며 불평등한 사회를 원망하게 된다. 청년 실업률은 최고조에 이르고, 우리 청년들이 꿈을 잃어가고 있는 현실이 너무 가슴 아프다.

수저 논란은 우리 한국 사회의 고착화된 신분이 불러일으키고 있는 계층 간의 갈등을 대변하고 있다. 그러나 성경을 보면 흙 수저에 해당되는 사람들이 하나님의 은혜로 성공하고 금 수저로 변화된 예들이 많이 있다. 그 중 한 사람이 다윗이다.

다윗은 이새의 7형제 중에 막내였다. 그는 형제 중에서도 차별을 받아서 모든 형제들이 사무엘 선지자 앞에 설 때 홀로 양을 지켜야 했다. 다윗은 보잘 것도 없고 내세울 것도 없어 촌 동네 시골뜨기 무지렁이로 살아갈 운명을 지니고 있었다. 다윗은 전형적인 흙 수저였다. 스스로의 힘으로는 흙 수저로 인생을 마칠 수밖에 없는 존재였다. 그렇지만 하나님의 선택을 받고 정말 오랫동안의 고난을 거치고 연단을 받은 후에 그야말로 번쩍이는 금 수저로 변화되었다.

다윗이 대표적인 흙 수저라면 그의 아들 솔로몬은 대표적인 금 수저이다. 그는 태어날 때부터 왕족으로 태어났고 총애를 받는 후궁의 유일한 아들이었으며, 이스라엘의 영웅 다윗 가문 왕족의 수업을 받고 살았고, 약관의 나이에 왕이 되어 최고의 부귀영화 권세를 누렸다.

사람들은 흙 수저 비관론만 제기하고 금 수저의 문제점에 대해서는 별로 언급하지 않는다. 흙 수저에만 문제가 있고 금 수저에는 문제가 없는 것일까? 인생은 결코 단순하지 않다. 인생은 복잡하다.

다윗과 솔로몬의 생애를 보면 흙 수저와 금 수저의 문제점들이 드러난다. 흙 수저 다윗은 신분 상승을 이루기까지 정말 말로 다 할 수 없는 힘든 삶을 살아야 했다. 그러면 금 수저 솔로몬의 삶은 어떠했을까? 솔로몬은 물려받은 금 수저로 말미암아 결국 타락의 길을 걷게 되었다. 부유한 환경 속에 태어난 금 수저의 문제는 현실에 안주하다가 녹슨 금으로 변질되는 것이다.

금 수저는 쟁기가 될 수 없어 흙을 기경(起耕)할 수 없지만 흙 냄새를 맡고 흙을 만져본 흙 수저는 그것이 가능하다. 그러나 흙 수저 혼자의 힘만으로 흙에 거름을 주어 비옥한 옥토를 만들고 여기에 씨를 뿌려 열매를 거둘 수가 없다.

금 수저에는 안주하고 교만하고 타락하지 않을 수 있는 하나님의 은혜가 필요하고 흙 수저는 도전하고 자족하며 낙심하지 않을 수 있는 하나님의 은혜가 필요하다. 금 수저였지만 흙 수저처럼 살았고, 흙 수저의 처지에 있었지만 여전히 금 수저처럼 살았던 사람이 있었다.

바울은 부유한 집안에서 태어나 최고의 교육을 받았고, 유대인이지만 태어나면서부터 로마 시민권을 가지고 있었다. 그러나 그는 예수 그리스도의 복음을 위하여 고난과 가난과 궁핍, 멸시받는 인생을 살았다.

그는 우리에게 금 수저와 흙 수저의 삶에 필요한 귀한 교훈을
주고 있다. "내가 궁핍하므로 말하는 것이 아니니라 어떠한 형
편에든지 나는 자족하기를 배웠노니 나는 비천에 처할 줄도 알
고 풍부에 처할 줄도 알아 모든 일 곧 배부름과 배고픔과 풍부
와 궁핍에도 처할 줄 아는 일체의 비결을 배웠노라 내게 능력
주시는 자 안에서 내가 모든 것을 할 수 있느니라."(빌 4:11-13).

내가 금 수저이든 흙 수저이든 상관없이 우리는 내게 능력
주시는 자 안에서 살아야 한다. 그럴 때 우리는 금 수저와 흙
수저의 문제를 극복하고 하나님 보시기에 아름다운 삶을 살 수
있다.

기다림의
영성

어느 분의 소개로 교인 50여명과 함께 고양아람누리 아람음악당에서 있었던 푸치니 오페라 '나비부인'을 보러 갔다.

미국 해군 장교 핑커톤은 결혼 중매인의 소개로 아름다운 일본 아가씨 초초상을 만난다. 그녀는 기울어진 집안을 위해 게이샤가 된 꽃다운 열다섯 살의 아가씨이다. 핑커톤을 진심으로 사랑하게 된 초초상은 결혼에 모든 것을 걸고 개종까지 한다.

그러나 핑커톤에게는 초초상과의 사랑이 일시적인 불장난에 불과했고, 미국으로 돌아간 핑커톤은 미국인 케이트와 결혼한다. 그러나 초초상은 임신을 했고 항구를 바라보며 핑커톤을 기다린다. 초초상의 소식을 들은 핑커톤은 초초상의 진심어린 사랑을 깨닫고 괴로워한다. 초초상은 함께 온 케이트가 자신의 아이를 데리러 온 사실을 알고 모든 것을 단념한 채 아버지가 물려준 단도에 새겨진 '명예로운 삶을 못 살 때에는 명예로운 죽음을 택하겠다.'라는 문구를 읽고 자결한다.

나는 푸치니 오페라 '나비부인'을 보면서 초초상의 말이 마음에 남았다. "신부에게 가장 힘든 것은 기다리는 일이지요.", "나는 흔들리지 않는 믿음으로 그이를 기다릴 거야." 초초상의 말처럼 기다림만큼 어려운 일은 없다. 우리의 인생은 기다림의 연속이다. 청소년기 들어서면 아이들의 반항은 부모의 마음을 괴롭게 한다. 대부분의 부모들이 청소년기를 벗어나기까지 잠잠히 기다리지 못하고 힘들어한다.

어거스틴이 방탕한 생활 가운데 이단인 마니교를 신봉하고, 세상에서는 많은 사람들의 인기를 독차지하게 되었을 때 그의 어머니 모니카는 아들의 방탕한 생활과 잘못된 신앙을 돌이키기 위하여 얼마나 애를 쓰고 기도했는지 모른다. 1년이 지나고, 2년이 지나고 10여년을 애타게 기도했다. 그러나 어거스틴에게는 아무런 변화가 나타나지 않았고, 그의 나쁜 행실은 점점 더 심해졌다. 모니카는 더 이상 견딜 수 없는 지경이 되었다.

모니카는 교구의 암브로스 감독을 찾아가서 흐느껴 울며 호소했다. "저는 아들이 돌아오기만을 위해 10년을 하루같이 기도했습니다. 하지만 아무런 변화도 없고 오히려 전보다 더 못한 것 같습니다. 어쩌면 좋습니까?" 이때 암브로스 감독은 이렇게 말했다. "자매님, 너무 염려하지 마십시오. 눈물로 기도하는 어머니가 있는 한 아들은 결단코 망하지 않습니다."

결국 어거스틴은 돌아왔다. 어머니의 기도를 통해서 기가 막힐 웅덩이와 수렁에서 건져져 주님의 품으로 돌아왔다. 어거스틴은 히포의 감독이 되었고, 기독교 역사상 가장 위대한 변증가가 되었다. 모니카의 기도와 기다림은 헛되지 않았다. 모니카는 아들이 돌아오기를 10년을 하루같이 기다렸다.

사랑하면 얼마든지 기다릴 수 있다. 사랑은 기다릴 수 있는 힘의 원천이다. 예수님을 사랑하는 사람은 예수님의 다시 오심을 기다린다. 아무리 늦어도 기다린다. 포기하지 않는다. 예수님이 오시든 말든 별 관심도 없고 전혀 기다려지지 않는 사람이라면, 그는 예수님을 사랑하지 않는 자이다.

우리에게 기다림의 영성이 필요하다. 흔들리지 않는 믿음으로 주님을 기다려야 한다. 핑커톤은 초초상에게 실망을 안겨주었지만, 약속에 신실하신 우리 주님은 절대로 우리를 실망시키는 법이 없다. 우리 스스로 믿음이 있는지 알아보려면 기도한 후에 응답을 기다리는지 기다리지 않는지 보면 된다. 믿음의 사람은 기도할 뿐 아니라 응답을 기다린다. 기도는 기적을 믿고,

기도한 후에 기대하고, 기다리는 것이다.

하나님의 사람들은 기다림 속에서 뜻을 이루었다. 모세는 40년을 기다렸고, 아브라함은 25년을 기다렸으며, 요셉은 13년을 기다렸다. 그들이 기다리는 동안 하나님께서는 역사의 무대를 준비하셨다. 꿈을 가지고 있는가? 그렇다면 때를 기다리며 부단히 준비할 수 있어야 한다.

  여름이 되면 냇가나 바닷가에서 물놀이하던 사람들이 익사하는 일들이 일어난다. 이 불행한 죽음은 위험을 알리는 경계선을 넘어간 경우가 대부분이다. 경계선은 자유를 억압하려는 것이 아니라 생명을 보호하려는 것이다. 경계를 넘으면 그 대가를 치르게 된다.

  하나님은 첫 사람 아담과 하와에게 모든 것이 예비된 기쁨의 동산 에덴의 관리권을 넘겨주시면서 "선악을 알게 하는 나무의 열매는 먹지 말라."라고 명령하셨다. 그리고 계명을 어길 때는 죽음이 온다고 경고하셨다. 선악과를 먹지 말라는 계명은 반드시 지켜야 하는 절대적인 계명이었다.

선악과는 하나님께서 세우신 정법(正法)을 의미한다. 그것은 하나님께 대한 절대 예배, 절대 신앙, 절대 순종, 절대 헌신이다. 피조물인 인간은 이러한 정법을 지키며 살아야 행복을 누리며 살 수 있다. 모든 피조물은 제 각각 삶의 터전이 있다. 식물은 땅에 뿌리를 내리고 살고, 물고기는 물 속에서 살고, 새는 공중에서 산다. 우리 인간은 이 땅에 두 발을 딛고 살지만 이 세상 너머 초월의 세계를 생각하며 사는 영적인 존재다. 그러므로 우리는 하나님을 의지하며 하나님의 품 안에서 살아야 한다.

창세기 3장을 보면 유혹하는 사탄의 모습이 나온다. 사탄은 "너희가 그것을 먹는 날에는 너희 눈이 밝아져 하나님과 같이 되어 선악을 알 줄을 하나님이 아심이니라."(5절)라고 속삭였다. 피조물인 인간에게 '너도 하나님처럼 될 수 있다.'라는 터무니없는 유혹을 했다. '신의 경지'라는 말을 종종 듣게 되는데 이런 말을 하는 것은 사람들에게 인간의 한계를 초월하여 신처럼 되고 싶어 하는 마음이 있음을 보여주는 것이다.

사탄은 사람으로 하여금 하나님을 반역하고 하나님께로부터 독립을 선언하도록 꾀었다. "하나님을 예배할 필요가 없다. 너 자신을 예배하라. 하나님을 신뢰하지 말고 네 자신을 신뢰하라. 하나님께 순종할 필요 없이 네 의지대로 행하라. 그리고 하나님 밑에서 종노릇 할 것 없이 네가 직접 너의 운명과 환경을 지배하고 다스리고 창조하라."라고 속삭였다.

결국 첫 사람 아담과 하와는 유혹에 빠져 선악과를 따먹고 하나님을 반역하게 되었다. 그 결과 인간은 죄의 문제, 질병의 문제, 죽음의 문제, 심판의 문제 등 스스로의 힘으로 해결할 수 없는 인생 문제를 안고 살게 되었다. 그리고 외적인 문제뿐만 아니라 미움의 문제, 불안과 공포의 문제, 좌절과 절망의 문제, 죄책의 문제, 허무와 무의미의 문제 등 내적인 문제들로 끊임없이 고통을 당하며 살게 되었다.

우리 인생의 모든 문제는 선악과를 따 먹은 데서 비롯되었다. 다시 말해서 자기가 하나님이 되어 자기를 예배하고 자기를 신뢰하고 자기 마음대로 자신을 위해서 살고자 하는 태도에서 비롯되었다. 그러므로 인간 문제를 근본적으로 해결하고 회복하는 길은 다시금 선악과로 상징된 하나님의 정법, 즉 절대 예배, 절대 신앙, 절대 순종, 절대 헌신으로 살아가는 것이다. 해를 향하여 돌아서면 그림자가 사라지는 것처럼 자신을 향한 삶의 자세를 돌이켜 하나님을 향하여 절대 예배, 절대 신앙, 절대 순종, 절대 헌신의 삶을 살면 우리의 문제는 저절로 사라지게 된다.

어거스틴은 "우리가 하나님을 존경한다고 해서 하나님이 존귀를 받으시고 더 위대해지는 것이 아니다. 우리가 하나님을 섬기면 우리 자신이 위대해지는 것이다."라고 말했다. 우리 인간의 가치는 하나님을 섬기는 데서 빛이 난다. 하나님을 떠나 살면 행복할 것 같지만 그 결과는 물을 떠난 고기와 같을 뿐이다. 우리는 하나님을 섬기면서 삶의 기쁨과 보람을 찾을 수 있어야 한다. 사람의 본분을 깨닫지 못하고 하나님을 떠나 욕망에 이끌려 산다면 그 삶은 멸망하는 짐승과 다를 바 없다.

우리 인간은 본질적으로 하나님을 경외하며 하나님을 섬기는 삶을 사는 가운데 참된 기쁨을 누릴 수 있다. 하나님을 10퍼센트 의지하는 사람은 10퍼센트의 행복을 누릴 것이고, 50퍼센트 의지하는 사람은 50퍼센트의 행복을 누릴 것이며, 하나님을 100퍼센트 의지하는 사람은 100퍼센트의 행복을 누리게 될 것이다.

사람들은 많은 일을 한 것을 자랑스러워한다. 교회에서도 그런 모습을 보게 된다. 교회의 규모를 확장하고 대외적으로 이런 일을 하고 저런 일을 했다고 홍보를 하며, 교인들은 그런 교회로 수평이동하고 자신이 그런 교회의 일원인 것에 대한 자부심을 가지고 있다. 사람들이 많은 일을 한 것에 대해 뿌듯함을 느끼는 것은 많은 일을 해야 하나님께 인정을 받을 것이라는 생각을 하고 있기 때문이다. 예수님의 제자들도 그런 생각을 했던 것 같다. 제자들이 예수님께 물었다. "우리가 어떻게 하여야 하나님의 일을 하오리까?" 그러자 예수님은 "하나님께서 보내신 이를 믿는 것이 하나님의 일이니라."라고 말씀하셨다(요 6:28-29).

신앙생활은 일하는 것보다 믿는 것이 중요하다. '하나님께 영광'이라는 목적을 상실한 채 일에만 몰두하면 어떻게 될까? 하나님은 그것을 인정하지 않으신다. 이에 대해 예수님은 "그 날에 많은 사람이 나더러 이르되 주여 주여 우리가 주의 이름으로 선지자 노릇 하며 주의 이름으로 귀신을 쫓아 내며 주의 이름으로 많은 권능을 행하지 아니하였나이까 하리니 그 때에 내가 그들에게 밝히 말하되 내가 너희를 도무지 알지 못하니 불법을 행하는 자들아 내게서 떠나가라 하리라."(마 7:22-23)라고 분명하게 말씀하셨다.

하나님의 이름으로, 예수님의 이름으로 많은 일을 하지만 자기 욕심을 채우기 급급하고, 말로만 하나님의 영광을 떠벌리는 사람들은 아무리 많은 일을 해도 하나님에게 인정을 받지 못한다. 믿음의 결국은 영혼 구원이다(벧전 1:9). 신앙생활에서 이보다 더 중요한 것은 없다. 예수님의 70인 제자들이 사역을 마치고 돌아와서 기뻐하며 예수님께 보고했다. "주여 주의 이름이면 귀신들도 우리에게 항복하더이다." 그러자 예수님은 "귀신들이 너희에게 항복하는 것으로 기뻐하지 말고 너희 이름이 하늘에 기록된 것으로 기뻐하라."라고 말씀하셨다(눅 10:17-20). 우리는 사역보다도 영혼 구원에 집중해야 한다.

예수님께서 들려주신 천국 비유를 보면 한 임금이 자기 아들을 위한 혼인 잔치에 많은 사람들을 초대했다. 그런데 혼인 잔치에 예복을 입지 않은 한 사람이 있었다. 그러자 임금이 그 사람에게 물었다. "친구여 어찌하여 예복을 입지 않고 여기 들어왔느냐." 그러자 그는 아무 말도 못했다. 그 사람은 질책을 받고 잔치에서 쫓겨났다(마 22:11-12). 예수님의 말씀에 의하면 우리는 예복(禮服)을 준비해야 하는 사람들이다.

천국 잔치는 예복을 입어야 환영을 받고 잔치의 즐거움을 누릴 수 있다. 그렇지 않다면 불행한 추방이 기다리고 있을 뿐이다. 그러면 천국 잔치에 들어갈 때는 어떤 예복이 필요할까요? 우리는 모두 불완전한 죄인이기 때문에 우리가 만든 옷인 나의 선행, 나의 덕, 나의 의의 옷을 입고는 거룩하신 하나님 앞에 도저히 설 수 없다. 우리의 죄 때문에 십자가에서 우리를 대신하여 죽으신 예수 그리스도의 의의 옷을 입은 자만이 하나님의 거룩한 영광의 빛 앞에 설 수 있다.

하나님은 오늘도 사람들을 천국 잔치로 초대하고 계신다. 그러나 청함을 받았다고 해서 모든 사람들이 천국 잔치에 들어갈 수 있는 것은 아니다. 그리스도 예수로 옷 입은 자, 곧 택함을 받은 자만이 천국에 들어 갈 수 있다. 택함을 받은 자들은, 예수 그리스도께서 우리를 위해 친히 준비해 주신 예복, 예수님의 의의 옷, 은혜의 옷을 입지 않고는 도저히 하나님 앞에 감히 설 수 없는 죄인이라는 것을 인정하는 겸손한 사람들이다.

일이 중요한 것이 아니다. 하나님 앞에서 인간의 의는 누더기와 같고 업적은 지푸라기와 같다. 시험의 불을 통과하면 다 타 버리고 만다(고전 3:13). 일이 아니라 믿는 것이 중요하다. 동기와 목적이 중요하다. 많은 일을 하고도 영혼 구원을 받지 못하면 그 많은 일은 아무 의미가 없다. 예복 준비를 해야 한다. 당신은 천국 잔치에 들어갈 수 있는 예복을 준비했는가?

Part 2

사랑의 길

하나님은 사랑이시라

어느 의사 부부를 만났다. 이들은 36세에 결혼을 해서 46세 된 부부였다. 한 분이 구강암 초기에 수술을 했다. 한 번에 안 돼서 3차 수술을 했다. 그러면서 사경을 헤매게 되자 낫기 위하여 신령하다는 소문을 듣고 그곳으로 찾아가 안수기도를 받았다. 신령하다는 그는 기도하면서 회개하라고 했고 죄인으로 몰아갔다.

사람들은 어려운 일이 생기거나 병이 들고 고난이 다가오면 죄의 결과로 간주한다. 물론 많은 경우 병은 죄의 결과로 다가온다. 그러나 병이 반드시 죄의 결과인 것은 아니다. 욥기를 보면 세 친구들은 욥을 위로하겠다고 찾아와서 권면을 하다가 결국은 욥의 고난과 병이 죄의 결과라고 정죄했다. 그들은 뚜렷한 증거도 없이 욥에게 일어난 일만 가지고 죄 때문이라고 판단하고 혹독하게 비판하고 상처를 주었다.

마지막에 침묵하시던 하나님께서 폭풍우 가운데서 나타나서서 "무지한 말로 생각을 어둡게 하는 자가 누구냐."(욥 38:2)라고 말씀하셨다. 사람들의 생각은 단순하다. 모든 결과를 인과응보(因果應報)로 해석한다. 그러나 인과응보는 절대적인 법칙이 아니다. 예수님과 제자들이 길을 가다가 날 때부터 맹인이 된 사람을 보자 예수님께 물었다. "이 사람이 맹인으로 난 것이 누구의 죄로 인함이니이까 자기니이까 그의 부모니이까."(요 9:2). 그러자 예수님은 "이 사람이나 부모의 죄로 인한 것이 아니라 그에게서 하나님이 하시는 일을 나타내고자 하심이라."(요 9:3)라고 대답하셨다.

나는 청년 시절 나름대로 열심히 신앙생활을 했다. 어느 날 교회 전도사님이 귀신들린 사람에게 심방 가는데 같이 가자고 했다. 덜컥 겁이 났다. '믿음이 없는 사람이 귀신들린 사람에게 가면 그 귀신이 옮긴다.'라는 말을 들은 적이 있기 때문이었다. 차마 그런 말은 하지 못하고 적당히 둘러대고 동행하지 않았다. 이후 영적 세계에 대한 강한 호기심을 갖게 되었다. 어떤 사람은 귀신을 쫓아내는데 나는 두려워 떨고 있으니 부끄럽기도 했고, 은근히 영적인 능력을 체험하고 싶은 소원이 생겼다.

40일을 작정하고 아침저녁으로 기도하던 중 26일째 되던 날 환상을 보았다. 붉은 해 같은 것이 나에게로 다가와 내 입으로 들어왔다. 그러자 내 입에서는 알 수 없는 말이 흘러 나왔다. 나는 그렇게 방언의 은사를 받았다. 그리고 천국과 지옥의 환상도 보았다. 한 주간 동안 계속해서 기도 때마다 환상을 보았다. 어느 날은 환상 중에 '하나님은 사랑이시라.'라는 글씨가 게시판에 또렷하게 나타난 것을 보았다.

나는 그때까지 그 말씀이 성경에 있는 줄 몰랐다. 그동안 하나님을 심판하시는 하나님으로만 알고 있었고, 율법적이고 의식적인 신앙생활을 하고 있었다. 그런데 환상을 본 이후 하나님의 성품에 대한 이해와 하나님을 바라보는 관점이 달라져 성경을 읽는 것이 재미있었고, 성경을 읽다가 수없이 눈물을 흘렸다.

하나님은 무서운 하나님이 아니시다. 무슨 일을 잘못하면 병을 주며 심판하는 하나님이 아니시다. 하나님에 대한 올바른 지식을 가져야 한다. 하나님은 사랑이시다(요일 4:8). 요한일서 4장 18절을 보면 "사랑 안에 두려움이 없고 온전한 사랑이 두려움을 내쫓나니 두려움에는 형벌이 있음이라 두려워하는 자는 사랑 안에서 온전히 이루지 못하였느니라."라고 말씀하고 있다.

사랑은 두려움을 이기게 한다. 자신감을 갖고 살게 한다.

사랑하는 남녀가 밤이 두려워서 만나지 못했다는 말을 들어본 적이 있는가? 온전한 사랑은 두려움을 내쫓는다. 하나님이 함께하시면, 하나님의 사랑이 우리 안에 있으면, 그 무엇도 두려울 것이 없다. 하나님의 사랑 안에 있는 사람은 어떤 상황에서도 두려워하지 않고, 마지막 심판 날에도 담대할 수 있다.

법보다
사랑이 먼저다

복음서를 보면 예수님에게 바리새인들이 안식일 문제로 시비를 거는 이야기가 종종 나온다. 지금도 안식일 문제를 거론하는 경우가 있으므로 안식일에 대한 분명한 이해가 필요할 것 같다. 먼저 당시 정통파 유대인들이 안식일을 어떻게 지켰는지 알아볼 필요가 있다. 만일 안식일에 벽이 무너져 사람을 덮쳤을 경우 그 사람이 죽었는지 살았는지 알아볼 정도만 무너진 벽을 치울 수 있었다. 만일 그 사람이 살아 있었다면 구원을 받았으나 만일에 죽었다면 그의 시체는 다음날까지 그곳에 방치되었다.

엄격한 정통파 유대인들은 안식일에는 자기의 생명마저도 지키려하지 않았다. 마카비 전쟁에서 유대의 반란군 몇 사람이 동굴 속으로 도망쳤다. 수리아 병사들이 그들을 추격했고 그들에게 항복할 기회를 주었다. 그런데 그 유대 반란군들은 불타 죽었다. 안식일이었기 때문에 그들은 동굴의 입구를 막으려 들지 않았고 저항도 하지 않았다. 로마 장군 폼페이가 예루살렘을 포위했을 때에도 유대인들은 안식일에는 싸우려 하지 않았다. 로마군은 안식일마다 예루살렘 성벽보다 높은 작은 산을 구축하고 예루살렘 성을 정복할 수 있었다. 그들은 죽는 줄 알면서도 안식일에는 대응하지 않았다.

이처럼 정통파 유대인들의 안식일에 대한 태도는 완고했다. 예수님은 이것을 알고 계셨다. 손 마른 사람은 안식일에 고치지 않아도 생명에 조금도 지장이 없었다. 그러므로 손 마른 사람을 고치는 여부는 예수님께 대한 시험 케이스였다. 예수님은 손 마른 사람에게 모든 사람이 볼 수 있도록 군중들 한 가운데 서라고 하셨다. 예수님께서는 군중들이 지켜보는 가운데 당당하게 행하셨다. 엿보는 유대인의 행위와 대조되는 모습이었다.

예수님은 손 마른 사람을 사람들 앞에 세워 그의 비참한 모습을 보게 하셨다. 그러고 나서 바리새인들에게 안식일에 선을 행하는 것과 악을 행하는 것, 생명을 구하는 것과 죽이는 것 어느 것이 옳으냐고 물으셨다. 예수님은 그들을 딜레마에 빠뜨리셨다. 손 마른 사람을 고쳐주는 것은 선을 행하는 것이고, 선행을 할 수 있을 때 못하게 하고 나아가 선행하는 이를 멸시하는 것은 악을 행하는 것이다. 불쌍한 병자를 고치고 나아가 그 영혼을 구하는 것은 생명을 구하는 것이고 이를 막는 것은 죽이는 것이다.

이와 같은 대조는 그리스도와 유대 종교 지도자들, 나아가 율법과 복음을 대조하는 것이었다. 바리새인들에게 있어서 종교는 의식이었고 예수님에게 있어서 종교는 봉사였다. 우리들의 예배가 의식이 되고 신앙생활이 형식이 되면 그것은 큰 문제이다. 나는 과연 어떠한지 정직하게 돌아볼 필요가 있다.

그들은 대답을 못하고 잠잠하였다. 이것은 자신들의 악행을 시인하는 침묵이었다. 선행을 하지 말라고 할 수도 없고, 하라고 하면 예수님의 병 고침을 정당화하는 것이므로 침묵할 수밖에 없었다. 예수님은 병자를 향하여 손을 내밀라고 하셨다. 예수님은 법을 어기면서 안식일에 선을 행하셨고 생명을 구원하셨다. 예수님은 사회적 약자, 가난하고 고통 받는 사람들을 위해 기꺼이 법을 어기셨다.

우리는 수많은 법에 둘러싸여 산다. 법은 인간 행위의 옳고 그름을 판단하는 잣대이다. 사회 질서를 위해서는 법이 필요하다. 때로 법 해석을 놓고 옥신각신 할 때가 있다. 법은 어떤 것이든 사람이 사람답게 살 수 있도록 이끌어야 하고 한 인간의

인격과 존엄을 지키고 상호존중 속에 더불어 살아가는 공동체
를 이루는 것이어야 한다.

법이 사람을 얽매이게 하고 힘들게 해서는 안 된다. 법이 사
람을 위하여 생긴 것이지 사람이 법을 위해 있는 것이 아니다.
법보다 사람이 먼저여야 한다. 약자들을 억누르고 짓밟고 억울
하게 만드는 법은 사라져야 한다. 때로 법을 어기는 일과 사람
을 살리는 일이 대립되어 양자택일을 해야 할 때가 있다. 그럴
때 우리는 하나님께서 기뻐하시는 일을 해야 한다.

마음 착한 산(山) 사람 부부의 이야기이다. 산 사람의 아내는 산 사람이 좋아서 조건 없이 결혼하였고, 밥 세끼는 꼭 해주어야겠다는 마음으로 살았다. 그런데 어느 날 몸이 좋지 않았다. 꼼짝할 수 없을 정도로 아파서 남편에게 밥을 해 주지 못했다.

몸이 회복된 후 아내는 남편에게 물었다. "내가 아파 누웠을 때 당신은 나에게 무엇을 해 주었습니까?" 그러자 남편은 웃으면서 말했다. "굶어 주었잖아!" 남편의 대답에 아내는 쓴웃음을 지었다. 남편은 아내가 요리를 잘 하지 못해도 잘 먹어 주었고, 밥 달라 하지 않고 굶어 주었던 것이다. 남편으로서는 아내를 위해 소극적이지만 뭔가를 했던 것이다.

15년 암 환우들을 돌보는 사역을 하면서 보게 된 부부들의 공통된 모습이 있다. 그것은 아플 때 대부분 아내는 남편을 지극하게 보살피지만 남편은 아내를 잘 보살피지 못하는 것이다. 얼마 전에 왔던 부부는 아내가 3개월 밖에 못 산다고 하자 충격으로 공황장애가 왔고 함께 누워있는 상황이 되고 말았다. 남자들은 결혼하면 대부분 아내의 돌봄을 받으면서 의존적이 되어버린다.

성경을 보면 하나님은 아담을 위해 여자를 만드시고 아담의 '돕는 배필'이라고 하셨다. 여기서 사용된 '돕는'이라는 히브리어는 '에제르'이다. 이 단어는 시편에서, 하나님께서 이스라엘을 돕는다고 할 때 사용되었다. '돕는 배필'이라는 말에는, 하나님의 도움이 아니면 이스라엘이 쓰러질 수밖에 없는 것처럼 아내의 도움이 없으면 남편은 쓰러질 수밖에 없다는 대단히 강력한 의미가 담겨 있다. 실제로 그렇다. 아내에게 인정받는 사람은 밖에 나가서 당당하다. 그러나 아내에게 인정받지 못하는 사람은 아무리 유능해도 자신감을 잃어버리고 경쟁에서 밀리게 된다.

종교 개혁자 마르틴 루터는 너무 일이 어렵고 막막하여 몹시 실망할 때가 있었다. 그래서 그는 "하나님, 저는 더 이상 이 일을 못 하겠습니다."라고 하며 포기하려고 했다. 그 모습을 본 아내가 남편 앞에 상복을 입고 나왔다. 아내의 모습을 본 루터는 "여보, 오늘 누가 돌아가셨소?"라고 물었다. 그러자 루터의 아내는 "네, 돌아가셨어요."라고 대답했다. "누가 돌아가셨는데?" "하나님이 돌아가셨습니다." 아내의 대답에 루터는 화를 내면서 "당신, 말을 가려서 해야지. 그런 막말이 어디 있소?"라고 소리쳤다.

그러자 루터의 아내는 남편을 향하여 기가 막힌 말을 했다. "여보, 하나님이 돌아가시지 않았다면 왜 이렇게 실망하고 있어요? 당신에게 처음 진리를 깨닫게 해 주신 분도 하나님이셨고, 어렵지만 그 모든 싸움에서 승리케 하시고 여기까지 오게 하신 분도 하나님이십니다. 그분이 당신과 동행하고 계신데 하나님이 죽지 않으셨다면 왜 이렇게 실망하고 있지요?" 루터는 아내의 말을 듣고 정신이 번쩍 났다. 그는 다시 힘을 내서 위대한 종교개혁을 성공적으로 이끌어냈다.

남편들은 아내의 도움으로 산다. 그러면 남편들은 아내를 위하여 어떻게 해야 할까? 그리스도께서 우리를 위해 몸을 주셨듯이 아내를 위해 헌신하고 죽기까지 사랑하고 또 사랑해야 한다. 부부가 결혼하여 오래 살다보면 서로를 당연한 존재로 여기고 등한시 할 수 있다. 서로의 존재가 얼마나 귀한 줄 모르고 지낸다. 얼마 남지도 않은 삶을 살면서도 서로 옥신각신 다투며

평생 원수처럼 지내는 노부부들이 많다.

　그러다가 누군가 먼저 세상을 훌쩍 떠나가 버린다면 그 허전함은 말로 다 할 수 없다. '좀 더 참을 걸, 좀 더 잘해 줄 걸, 좀 더 사랑할 걸'하고 후회해봐야 아무 소용이 없다. 우리의 현실에서는 아내보다 남편의 후회가 더 크다. 남편들은 아내가 살아 있는 동안에 좀 더 사랑해야 한다.

여보,
나 힘들어요

남편이 암 투병을 하고 있는 어느 부부의 이야기이다. 남편이 암 투병을 시작하면서 아내와 가정의 모든 관심과 생활 패턴은 환우인 그에게 집중되었다. 가족 중에 누군가 중병에 걸리면 본인만 힘든 것이 아니라 주변의 모든 사람들이 스트레스를 받고 함께 고통을 겪는다.

어느 날 아내가 남편에게 "여보, 나 힘들어요."라고 말을 했다. 그러자 남편은 "내 앞에서 감히 힘들다고 말할 수 있느냐?"라고 버럭 화를 내면서 자신의 고통을 표현했다. 남편은 자신이 힘든 것만 생각했지 주변의 사람들, 특히 아내가 수발을 하느라 정신적으로나 육체적으로 얼마나 힘든지 생각하지 못했다. 아내가 남편에게 힘들다고 말했을 때는 '당신, 나 때문에 수고가 많소!'라는 따뜻한 위로의 말 한마디를 듣고 싶어서였다.

어쩌다 부부 간에 대화가 시작되면 아내는 남편의 위로의 말을 듣고 싶어서 가슴 속에 간직했던 힘든 이야기를 끄집어내서 이야기하기 시작한다. 그러나 그럴 경우 부부의 대화는 남편이 화를 내고 끝이 나는 경우가 많다. 많은 남편들이 부부 간의 대화를 힘들어한다. 남편들은 아내가 대화를 원할 때 무슨 말을 해야 하나 걱정한다. 그러나 말을 안 해도 된다. 대화는 말 잘하는 아내들이 주도한다. 그저 잘 들어주기만 하면 된다.

아내들이 남편에게 소소한 이야기를 하는 이유는 자신을 알아달라는 것이고 위로받고 싶다는 것이다. 그러나 남자들은 아내가 힘든 이야기를 하면 이야기를 들으면서 내내 어떻게 해결해 주어야 할지 방법을 생각한다. 그저 들어주고 이해하며, 공감하면 되는데 해결 방법만 찾는 것이 남자들의 특성이다. 그래서 해결 방법이 없으면 남자들은 열을 받기 시작하고, 이야기가 계속되면 '그래서 어떻게 하라고'라며 화를 내기 시작한다. 그러면 아내는 토라지고 부부 사이는 냉랭해진다.

그런데 사람들은 부부 간의 다툼과 갈등을 성격 차이라고 생각한다. 이혼 사유는 한결같이 성격 차이 일 것이다. 그러나 이것은 본질을 벗어난 지극히 피상적인 이유일 뿐이다.

인터넷에서 본 어느 부부의 이야기이다. 완벽하고 고상한 것을 좋아하는 아내는 외모를 아름답게 꾸미고 집안도 깨끗하게 정리해놓는다. 고전음악과 미술을 즐기면서 사용하는 말씨도 항상 정중하다. 한편 성격이 털털한 남편은 옷도 정장 보다는 캐주얼을 좋아하고, 흙이 잔뜩 묻은 신발을 신고 와서는 털지도 않고 벗어놓는다. 음악도 항상 대중가요에다가 TV도 켰다 하면 대부분 개그나 오락프로이다.

연애시절 아내는 지금 남편의 털털함과 남자다움에 반했었고, 남편은 아내의 이지적이고 여성스런 모습에 끌렸었다. 그래서 상대방을 이상적인 배우자로 확신하고 결혼했지만 결혼 후의 현실은 이상과는 달랐다. 무식하게 행동하는 남편을 창피하게 여긴 아내가 "제발 무식한 티 좀 내지 말라."라고 핀잔을 주면, "혼자 고상한 척 하지 말라."라고 남편이 되받아친다. 만나기만 하면 서로의 자존감을 깎아내리는 언어폭력이 계속되면서 결혼 생활이 지옥으로 변해갔다.

그러면서 두 사람은 서로 다른 성격 때문에 도저히 함께 못살겠다고 하소연을 늘어놓았다. 그러나 그것은 겉으로 내세우는 주장일 뿐, 진짜 문제는 그들의 마음속에 품고 있는 이기심이다. 자신만을 생각하는 이기심, 상대방이 오로지 자신에게 맞추기를 원하는 그 이기심을 극복하지 않고는 부부 화목은 어렵다.

예수님은 우리를 위해 모든 것을 내어주셨다. 우리의 죄를 대신하기 위해서 십자가에 달려 자신의 목숨까지 내어주셨다. 예수님이 보여주신 삶의 방식은 아낌없이 주는 것이었고, 우리에게도 서로 사랑하라고 요청하신다. 아내는 남편에게 복종하고 남편은 아내를 사랑하되 주께서 우리를 위하여 자신을 내어주심같이 헌신적으로 사랑해야 한다.

부부는 서로의 차이점을 인정하면서 나보다는 먼저 상대 배우자의 유익을 위해주는 삶을 실천해야 한다. 이것이 바로 참된 사랑이고, 여기에 진정한 해결책이 있다. 부부 간의 화목은 나보다 먼저 상대방을 배려하는 데서 시작된다.

부랴부랴 응급실로 찾아갔다. 응급실에서 나온 40대 초반의 여인의 얼굴을 보니 상황이 심상치 않았다. 갑작스런 남편의 사고에 여인은 그만 넋이 나가버리고 말았다. 응급실에서 나온 그녀는 "회사에서 퇴근했는데, 라면 먹고 잤는데, 아침에 일어나 보니 없어졌어, 피를 흘리는데 의사는 아무 것도 안 해줘…."라는 말을 계속 반복했다.

그녀의 말을 들어보면 대강 어제 오후부터 지금까지 어떤 일이 일어났었는지를 짐작할 수 있다. 남편이 퇴근해서 라면을 먹고 잠을 잤고, 아침에 아내가 일어나기 전에 일찌감치 출근을 했는데 아내는 응급실로 실려 온 남편을 만나게 되고 너무 기막힌 상황에 여인은 정신을 차리지 못하고 있는 것이었다.

그 기막힌 상황에서 여인은 "내가 지켜줘야 하는데, 내가 못 지켜줘서 그런가 봐요, 나 때문인가 봐요."라는 말을 1시간여 동안 반복하면서 울먹였다. 나는 그 여인의 모습을 보면서 사랑이 무엇인지 생각하게 되었다. 사랑하면 내 탓이고, 사랑하지 않으면 상대방 때문이다. 나도 얼마 전 아내가 혹이 생겨서 수술을 하게 됐을 때 아내를 제대로 돌봐주지 못해서 그렇게 된 것 같아 마음이 아팠다. 아내는 그런 것이 아니라고 말을 했지만 마음속으로 자책감이 들고 아내를 보기가 미안하였다.

에덴동산의 아담은 아내를 지극히 사랑했다. 아담은 하와를 보고 '뼈 중의 뼈요 살 중의 살이라.'라고 했다. 그러나 선악과를 먹고 범죄 한 후에 아담은 달라졌다. 아담은 "네가 먹었느냐?"라는 하나님의 질문에 "예, 제가 먹었습니다."라고 대답하지 않았다. "아담이 이르되 하나님이 주셔서 나와 함께 있게 하신 여자 그가 그 나무 열매를 내게 주므로 내가 먹었나이다."(창 3:12)라고 대답했다. '뼈 중의 뼈요 살 중의 살'이라고 할 때는 언제이고, 이제 와서는 여자가 나를 이렇게 만들었다고 탓을 하였다.

아담은 하와에게만 책임을 전가하지 않았다. 아담은 하와를 지칭할 때 '하나님이 주셔서 나와 함께 있게 하신 여자'라고 말하였다. 결국 하나님께서 하와를 주셨기 때문에 그런 일이 일어났다는 것이다. 아담이 하와에게 핑계를 대는 것 같지만 결국에는 하나님까지 끌어들여서 원망했다. "잘 되면 내 탓이요 못 되면 조상 탓"이라는 말은 아담을 닮은 우리 인간의 모습을 너무도 잘 표현하고 있다.

한 마을에 이웃으로 나란히 살면서도 서로 너무 다르게 사는 두 집이 있었다. 한 집은 오순도순 무척 행복하게 사는 데 비해 다른 한 집은 하루가 멀다 하고 식구들끼리 다투는 것이었다. 어느 날 매일 분란이 끊이지 않는 집에서 다정한 집안을 본받기 위해서 찾아갔다. "저희는 식구들끼리 늘 다투기만 하는데, 어떻게 하면 이 집처럼 행복한 마음으로 살 수 있을까요?" "글쎄요. 저희는 별로 다툴 일이 없던데요?"

마침 그 집 딸이 손님들을 대접하기 위해 과일 접시를 꺼내다가 그만 깨뜨리고 말았다. "어머, 죄송해요. 제가 그만 조심하지 못하고…" 옆에 있던 엄마가 같이 유리조각을 주워 담으면서 말했다. "아니다. 엄마가 하필이면 그런 곳에 접시를 두었구나!" 옆에서 엄마의 말을 듣고 있던 아버지가 말했다. "아니오! 내가 아까 보니까 접시를 놓아둔 모양이 위태해서 위험하다고 생각했는데도 바로 놓아두지 못해서 그랬소. 미안하오." 이웃집의 사람은 그 집 식구들의 대화를 듣고는 고개를 끄덕이면서 그 자리에서 조용히 일어났다고 한다.

　행복의 비결은 자신에게 있다. '내 탓이오.'라는 마음을 가지고서 자신을 낮추어나갈 때 그 공동체는 싸움보다는 화합과 평화를 간직할 수 있다. 그런데 많은 이들은 '내 탓이오'라기 보다는 '네 탓이오'를 외치고 있다. 그러다보니 화합과 평화보다는 분열과 다툼이 더 많은 세상이 되어가고 있는 것이다. 부모는 자식의 허물을 '내 탓'이라고 말한다. 사랑하기 때문이다. 사랑하면 '내 탓'이라고 말하게 된다. 우리는 '내 탓'이라고 말하고 있는가, 아니면 '네 탓'이라고 말하고 있는가?

되라가
아니라 살아라

삶의 방식에는 두 가지가 있다. 하나는 무엇이 되느냐에 의미를 두는 것이고, 또 다른 하나는 어떻게 사느냐에 의미를 두는 것이다. 요즘 사람들을 보면 전자에 집중하고 있다. 부자가 되고, 성공한 사람이 되고, 권력자가 되고, 유명인이 되는 것이다. 하지만 부자, 권력자, 유명인이 되어서 무엇을 하겠다는 생각은 별로 하지 않는 것 같다.

사람들의 생각은 지극히 단순하고 이기적이다. 돈을 많이 벌면 호화로운 저택에서 안락하게 살고, 좋은 차를 사서 여기저기 놀러 다니며 마음껏 즐기고, 명품 옷을 걸치고 자랑하며, 맛있는 음식을 배불리 먹으며 사는 것을 행복이라고 생각한다. 그러나 이러한 생각은 우리를 향하신 하나님의 뜻과는 거리가 멀다.

바울은 우리를 부요하게 하신다면 거기에는 목적이 있다고 말하고 있다. "하나님이 능히 모든 은혜를 너희에게 넘치게 하시나니 이는 너희로 모든 일에 항상 모든 것이 넉넉하여 모든 착한 일을 넘치게 하려 하심이라 기록된 바 그가 흩어 가난한 자들에게 주었으니 그의 의가 영원토록 있느니라."(고후 9:8-9). 하나님의 목적은 나만 잘 먹고 잘 살도록 하는 데 있는 것이 아니라 모든 착한 일을 넘치게 하려는 데 있다. 하나님은 우리가 부요하게 되었을 때 움켜쥐지 않고 나누고 베풀며 사는 것을 원하시며 그 모습을 기뻐하신다.

하나님은 왜 인간을 만드셨을까? 이에 대해 바울은 "우리는 그가 만드신 바라 그리스도 예수 안에서 선한 일을 위하여 지으심을 받은 자니"(엡 2:10)라고 그 목적을 밝히고 있다. 선한 일을 위해서다. 실제로 인생의 기쁨은 선한 일을 행하는 데서 맛볼 수 있다.

슈바이처가 운영하는 아프리카의 랑바레네 병원에서 궂은일을 도맡아 하는 미모의 간호사가 있었다. 그의 이름은 마리안 프레밍거였다. 헝가리 귀족의 딸로 태어난 그는 모든 악기의 연주에 능했으며 비엔나에서 가장 유명한 연극배우로 명성을 떨치기도 했다. 무엇 하나 부족함이 없던 그녀는 어느 날 슈바이

처의 찬송가 연주를 듣고 결심했다. '지금까지 내 인생은 허상일 뿐이었다. 남을 위한 삶에 진정한 가치가 있다.' 프레밍거는 그 자리에서 아프리카 행을 결심했다. 그리고 20년 동안 슈바이처가 운영하는 병원에서 흑인 병자들을 위해 사랑을 베풀다가 눈을 감았다. 프레밍거가 남긴 마지막 말은 "남을 위한 삶이 이렇게 행복한 것을 …"이었다.

우리 인생의 성공과 행복은 '무엇이 되느냐'가 아니라 '어떻게 사느냐'에 달려 있다. 그런데 사람들은 깨닫지 못하고 있다. 오로지 정상의 자리에 오르기 위해서 전력질주하고 있다. 이러한 세상 풍조 속에서 그리스도인들의 삶도 세상 사람들과 별로 다르지 않은 것 같다. 목사가 되면 하나님처럼 되려 하고, 장로가 되면 교회에서 권력자가 된다. 예수님은 섬기며 살라고 하셨다. 우리는 되기보다는 살기에 힘써야 하고, 자녀들이 인생의 목표를 정하려 할 때에 '무엇이 되라'가 아니라 '이렇게 살라'고 가르쳐 줄 수 있어야 한다.

예수님은 "너희는 세상의 소금이니 소금이 만일 그 맛을 잃으면 무엇으로 짜게 하리요 후에는 아무 쓸 데 없어 다만 밖에 버려져 사람에게 밟힐 뿐이니라 너희는 세상의 빛이라 산 위에 있는 동네가 숨겨지지 못할 것이요."(마 5:13-14)라고 말씀하셨다. 예수님은 우리에게 소금이 되고, 빛이 되라고 하지 않으셨다. '너희는 빛이다', '너희는 소금이다.'라고 말씀하시고, 그 역할에 대하여 말씀하셨다. 예수님의 관심은 우리가 어떤 존재가 되느냐가 아니라 어떤 존재로 사느냐에 대하여 교훈하셨다.

성도는 믿는 그 순간부터 이미 소금이고 빛이다. 우리는 소금으로, 빛으로 살아야 한다. 세상의 썩어짐을 막고 맛을 내며 변화시키는 소금으로 살아야 한다. 세상의 어둠을 드러내는 빛으로 살아야 한다. 소금으로서의 존재답게, 하나님의 사람답게 살아야 한다.

사랑의
빛

요즘 젊은이들이 돈이 없어서 연애, 결혼, 출산을 포기했다고 해서 3포 세대라고 한다. 상황이 점점 더 어려워지면서 인간관계와 내 집도 포기했다는 5포 세대, 꿈과 희망까지 포기한 7포 세대라는 말까지 나오고 있다. 이 시대를 사는 우리 자녀들의 힘겨운 현실을 보여주는 슬픈 유행어이다.

나는 오래 전부터 우리나라의 관혼상제 문화가 바뀌어야 한다는 생각을 했다. 나 한 사람이라도 하나의 밀알이 되어야겠다고 생각했다. 그래서 어머니의 장례식도 알리지 않고 조용히 치렀고, 자녀들이 결혼을 앞두게 되었을 때 허례허식의 결혼식, 주변 사람들을 부담스럽게 하는 결혼식을 하지 말아야겠다고 마음을 먹었다.

돈 없어도 젊은이들이 결혼할 수 있어야 한다. 몇 년 전 큰 딸이 결혼을 할 때 일가 친척, 지인들에게 초청장을 보내지 않고, 교회에서 성도님들의 축복 속에 조용하게 치렀다. 둘째 딸의 경우는 한 걸음 더 나아가 아예 주일예배 중에 결혼 예식을 했다. 역시 예물 예단 없이 결혼 예식만 치렀다.

축의금도 받지 않았다. 입소문을 통해 알게 된 분들이 주일예배 중에 결혼을 한다 하니 참석하지는 못하지만 축의금이라도 받으라고 했다. 나는 정중하게 사양했고, 나의 취지를 존중해 달라고 부탁했다. 주변 사람들이 물었다. "목사님은 그렇게 하신다고 해도 신랑 측 집안에서 그렇게 할 수 있을까요?" 결코 쉬운 일이 아니다. 그런데 감사하게도 양가가 모두 마음과 뜻을 같이했다.

목사로 부름을 받고 영적으로 부모의 삶을 살았지만 육신적으로는 성도들에게 많은 신세를 졌다. 둘째 딸의 결혼을 앞두고 생각했다. '목회자의 자녀이기에 성도들에게 부담을 줄 것이다.' 그래서 부담을 주지 않으려고 주일 예배 후 이어서 결혼 예식을 진행했다.

그럼에도 불구하고 또 신세를 지게 되었다. 음식 준비, 주차장 준비, 손님 접대 등 여러 모로 성도들이 나서서 결혼식에 관련된 일들을 도와주었다. 어느 성도는 예식장을 철거하는 일을 갑자기 하게 되었는데, 예식장의 모든 물품들을 이번 결혼식을 위해 교회로 실어왔다. 예식장이 고스란히 교회로 옮겨지게 된 것이다. 어쩌면 이렇게 때를 맞춰 인도해 주시는지 하나님께서 하시는 일에 할 말을 잃어버렸다. 하나님은 모든 필요를 채워주시고 때를 따라 돕는 은혜를 베풀어주신다.

그동안 하나님의 인도하심과 역사를 수없이 경험했지만 이번에도 하나님은 나를 깜짝 놀라게 하셨다. 생각해보면 나는 너무도 부족한 사람이다. 그런데 하나님께서 이 부족한 사람을 들어 일을 하셨다. 하나님의 한량없는 은혜와 성도들의 순종 덕분이었다. 부족한 내가 조금이나마 하나님 나라를 위한 사역에 쓰임을 받을 수 있었던 것은 지금까지 성도들이 나를 믿고 따라주었기 때문이었다.

주의 일꾼 중에 바울만큼 많은 일을 한 사람도 없고, 바울만큼 유능한 사람도 없으며 바울만큼 능력을 많이 받은 사람도 없다. 그러나 바울은 결코 외로운 독수리가 아니었다. 그가 탁월해서 혼자 일한 것 같지만 바울 주변에는 수많은 동역자들이 있었고 보이지 않는 도움이 있었다. 나 역시 성도들의 도움과 협력이 없었다면 주의 일을 할 수 없었다. 손과 발이 되어준 성도들을 생각할 때마다 감사가 나온다.

나는 성격상 빚을 지고는 못 산다. 빚을 지지 않으려고 했지만 또 빚을 지게 되었다. 바울은 "피차 사랑의 빚 외에는 아무에게든지 아무 빛도 지지 말라."(롬 13:8)라고 말했다. 사랑의 빚은 받아들이라는 뜻이다. 도움을 주신 성도들에게 마음속 깊이 감사하며 '사랑의 빚'으로 받아들인다.

식탁 공동체

사람은 먹어야 산다. 그런데 먹는 것을 가볍게 생각하는 사람들이 많다. 바쁘다고 인스턴트식품으로 식사를 한다. 식사(食事)를 말 그대로 먹는 일(事)로 생각해서 재빨리 해치우듯 먹는 사람들도 많다. 그렇게 해서는 건강을 관리할 수 없다.

우리 교회에서 8체질 강의를 했던 조 원장은 사람들의 식사에 대하여 "아침에는 주는 대로 먹고, 점심에는 먹고 싶은 것 먹고, 저녁에는 오너의 취향에 따라 먹는다."라고 하였다. 하루 세 끼 중 한 번 내가 먹고 싶은 대로 먹는다. 이것이 왜 문제가 되는 것일까? 각 사람에게는 유전적으로 물려받은 체질이 있다. 자신에게 맞는 음식을 먹지 못하면 먹어도 불편하고 병이 나기

쉽다. 그렇기 때문에 우리는 먹는 일에 좀 더 관심과 주의를 기울일 필요가 있다.

건강 격언에 "재물을 잃는 것은 조금 잃는 것이고, 명예를 잃는 것은 많이 잃는 것이며, 건강을 잃는 것은 전부를 잃는 것이다."라는 말이 있다. 건강이 인생에서 가장 소중한 재산임에도 사람들은 건강을 너무나 당연시한 나머지 늘 소홀히 한다. 그러다가 병이 나서야 먹는 일이 얼마나 중요한지 깨닫는다.

식사는 우리 건강의 기초이다. 먹는 것이 내 것이 된다. 약식동원(藥食同原), 즉 '약과 음식은 근원이 같다.'라는 말이 있듯이 음식은 몸을 건강하게 유지하는 데 가장 중요한 요소이다. 음식이 곧 약이다. 평소에 음식을 잘 먹는 것이 건강을 챙기는 비결이다. 우리는 먹는 일을 육적으로만 생각하는 차원을 넘어서야 한다. 잘 먹어서 육적으로 건강할 뿐 아니라 먹는 일이 영적으로도 유익이 되도록 해야 한다. 성경을 보면 먹는 일과 관련된 교훈들이 많이 있다.

첫 사람 아담과 하와가 타락하게 된 이유는 선악과, 즉 먹는 것 때문이었다. 그들은 먹어야 할 것과 먹지 말아야 할 것을 가리지 못했다. 노아는 지나치게 포도주를 마심으로 인해 벌거벗고 자다가 부끄러움을 당했고, 그 일로 자손을 저주하는 일까지 저질렀다. 사냥에서 돌아와 배가 고팠던 에서는 팥죽 한 그릇 때문에 자신의 장자권을 야곱에게 넘기고 말았다. 이처럼 사람들은 먹는 일에 약하다.

오늘날도 사람들이 서로 다투고 싸우는 것은 따지고 보면 먹는 일 때문이다. 서로 더 많이 먹겠다고 싸우는 것이다. 그렇기 때문에 예수님도 공생애를 시작하실 때 가장 먼저 먹는 일로 시험을 당하셨다. 그리고 예수님은 혼인 잔치에 참여하셨다가 잔치에서 포도주가 떨어졌을 때 첫 번째 기적을 행하셨다.

교회는 식탁 공동체이다. 모여서 예배를 드리며 주어지는 하나님의 말씀, 생명의 양식을 함께 먹고, 예배 후에는 식탁에서 하나님이 주신 귀한 음식을 함께 먹으며 사랑을 나눈다. 그런데 먹는 일로 마귀가 틈타는 경우가 종종 있다. 초대 교회에서는 예배 때마다 성찬과 애찬을 같이했다. 교인들은 각각 음식과 음료를 가지고 와서 서로 나누어 먹었다. 부자들은 가난한 자들에게 나누어 줄 수 있도록 더 많은 음식을 가지고 왔다. 그런데 고린도교회는 부자들이 가난한 자들을 기다리지 않고 가져온 음식을 자기들이 먼저 먹고 마셨으며, 가난한 자들은 부끄러움을 당하고 배고프게 돌아가는 일이 있었다.

그래서 바울은 "그런즉 내 형제들아 먹으러 모일 때에 서로 기다리라."(고전 11:33)라고 했던 것이다. 먹는 일을 소홀히 하는 것도 문제이지만 먹는 일에 너무 전념하여 교양과 품위를 잃어버리는 것도 문제이다. 교회에서의 식사는 단순히 먹고 마시는 것이 아니다. 그저 먹고 마시는 것이 목적이라면 다 같이 모일 필요가 없이 집에서 먹고 마시면 된다.

우리는 다 같이 모여서 예배를 드림으로써 한 믿음으로 하나님 아버지를 모시는 한 몸의 지체인 것을 확인한다. 또한 다 같이 모여서 식사를 함으로써 주 안에서 한 형제자매요 한 가족인 것을 경험한다. 나는 우리 아름다운교회가 주의 사랑을 나누며 경험하는 아름다운 공동체인 것을 사람들에게 자랑하며 감사하고 있다. 우리는 주 안에서 하나이다.

<h1 style="text-align:right">원탁
테이블</h1>

문 대통령이 여민관(與民館)에 새로 마련한 집무실을 언론에 공개했다. 책상 오른쪽에는 대형 스크린 2개로 된 일자리 상황판이 세워져 있고, 중앙에는 둥근 테이블이 놓여 있었다. 문 대통령은 상황판 시연회에 앞서 참석자들에게 둥근 라운드테이블을 소개했다. "여기 탁자가 있던 자리엔 과거에 응접용 탁자와 소파를 들어놓는 경우가 많았는데 실제 자료를 보면서 회의하기에 불편했습니다. 이런(둥근) 탁자를 두면 위아래 구분도 없고, 실제로 자료를 봐 가며 일하고 회의하기가 수월해서 이걸 선호합니다."

문 대통령의 말대로 자리의 위아래가 없다 보니 청와대 참모들은 어느 자리에 앉아야 할지 몰라 서로 자리를 양보하기도 했다. 청와대 수석과 실장들이 서로 테이블에 앉으라며 권하자 문 대통령은 웃으면서 "순서 없습니다. 앞으로 오는 순서대로 앉을 겁니다."라고 말했다. 원탁 테이블은 상석의 개념이 없어서 논의 및 격의 없는 토론이 가능해서 좋다고 하는 대통령의 말이 마음에 와 닿았다.

사랑이 있는 마을 신관 홀에서도 원탁 테이블 일곱 개를 사용하고 있다. 원탁 테이블에서 환우나 방문자들이 함께 앉아 식사하고 이런저런 이야기를 나누며 시간을 보낸다. 그러다보면 어느 새 친해진다. 원탁 테이블을 사용하다 보니 점점 그 묘미가 느껴진다. 사각 테이블은 4인용이면 4명만 앉을 수 있지만 원탁 테이블은 조금씩만 양보하면 4인석 사이즈에도 8명까지 함께 앉을 수 있다.

이처럼 사각형은 수용 인원이 정해져 있지만 원형은 확장성이 있다. 요즘 사람들은 사각형으로 규격화된 가방을 사용한다. 사각형의 가방은 물건을 담는 데 한계가 있다. 하지만 보자기는 두루뭉술하게 가방보다 훨씬 더 많이 담을 수 있다. 요즘 아이들은 상상도 못하는 일이지만 우리가 어렸을 때에는 가방이 귀해서 주로 보자기를 사용했다. 책을 비롯해서 보자기에 이것저것 싸가지고 다니던 경험이 있기 때문에 보자기의 효용을 잘 알고 있다.

흥미롭게도 이어령 교수는 『이어령의 보자기 인문학』에서 동양은 보자기 문화이고 서양은 가방 문화라고 표현했다. 결론은 가방보다는 보자기라는 것이다. 미래세계는 변화와 혁신이 필요하다. 당연히 가방과 같이 고정된 형태보다는 다른 모든 것을 포용할 수 있고 상황에 따라 가변적으로 움직일 수 있는 보자기 문화의 승산이 크다는 것이다.

한동안 서양문화를 높게 평가하고 우리의 것을 무시하는 경향이 있었다. 그러나 요즘에 와서 우리의 문화에 관심을 갖는 것은 참으로 다행스럽다. 이어령 교수가 주장하는 대로 우리 전통인 보자기 문화 속에 숨어 있는 정신의 참뜻을 제대로 새겨 보존하고 강점을 찾아 발전시켜 나갈 수 있으면 좋을 것 같다.

원탁 테이블과 보자기가 지니는 효용성을 생각하다 보면 생각은 인간관계로 확장이 되고 우리 사회의 문제 해결의 대안이 될 수 있다는 생각까지 해보게 된다. 각 진 사람은 사람을 품는 데 한계가 있다. 율법적으로 너무 각을 세우면 가까이 하는 사람이 없다. 그러나 원탁 테이블과 보자기와 같이 원만한 사람은 두루두루 좋은 관계를 맺을 수 있다.

지금 우리 사회는 세대, 이념, 지역, 상하의 대립과 갈등으로 고통하고 있다. 나와 다르면 배척하고 공격하며 원수처럼 여긴다. 요즘 정치에서는 협치를 외치고, 교단에서는 통합을 외치지만 현실적으로 전혀 통하지 않고 있다. 사고의 전환이 필요하다. 각을 세우고 대립해서는 미래가 없다. 지나치게 각을 세우지 말고 양보하고 배려하고 관용할 줄 알아야 한다. 지금 우리 사회가 필요로 하는 인재는 누구와도 잘 어울릴 수 있는 원만한 사람이다. 원만한 사람은 어디에서나 환영을 받는다.

<h1>빈
자리</h1>

늘 건강한 모습으로 나를 돌보며 교회를 섬기던 아내가 어느 날 갑자기 뇌경색이 와서 병원에 입원하게 되었다. 보통 뇌 질환으로 입원하게 되면 한 달은 기본이다. 그런데 6일 만에 퇴원했다. 의사들은 아내를 퇴원시키겠다는 나를 이상한 눈으로 바라보았다.

다인실에 입원해 있으면 잠을 자기 어렵다. 더구나 뇌 문제로 입원한 사람들은 인지 장애가 생겨서 횡설수설하는 경우가 대부분이기 때문에 다른 병실에 비해 소란스럽다. 숙면을 취하는 것이 치유의 기본인데 잠을 제대로 자지 못하면 회복을 기대하기 어렵다는 판단을 했다. 그래서 병원 측에 집으로 돌아가는 것이 아니라 좋은 환경의 휴양지(사랑이 있는 마을)로 가고자 퇴원하는 것이라고 설명을 하고 나오기는 했지만 의사들이 볼 때는 참으로 위험천만한 일이었다. 그러나 내가 기대했던 대로 아내는 깜작 놀랄 정도로 회복되었다.

입원해 있는 동안 빈자리가 크게 느껴졌다. 외출을 하고 교회로 돌아오면 예배당에 있든지 주방에 있든지 어디에서든 나를 맞아주었다. 그런데 어디에도 보이지 않으니 허전하기 그지없었다. 화분에 물을 주는 주인이 없고, 주방의 주인이 없고, 안방의 주인이 없었다. 주인이 없는 자리가 이렇게 크게 느껴지기도 처음이었다. 집에 들어가기 싫었다. 그러면서 아내가 나에게 얼마나 소중한 존재인지 새삼 깨달았다.

뇌경색이 일어난 지 18일 만에 다시 제 자리로 돌아왔다. 아내와 함께 식사를 하면서 얼마나 감사한지 울컥했다. 부부가 언제까지나 함께할 수는 없다. 누군가는 먼저 세상을 떠난다. 평생을 함께한 부부의 경우는 배우자를 보내고 혼자 산다는 것이 너무나도 낯설고 힘들게 느껴질 것이다.

남편들의 경우 음식을 먹는 일에 있어서는 거의 대부분 아내에게 의지하고 있다. 요즘은 남편들도 요리에 관심을 갖고 직접 만들어 먹기도 하지만 구시대의 노인들은 아내가 음식을 차려주지 않으면 굶을 수밖에 없다. 일반적으로 남편을 먼저 떠나보낸 아내는 곧 기운을 되찾고 오래 살지만 아내를 먼저 떠나보낸 남편은 아주 빠르게 쇠약해지고, 대부분 아내의 사후 몇 년 안에 아내의 뒤를 따라 세상을 떠나게 된다.

어느 통계에 의하면 평균적으로 남자는 아내가 떠난 후 3년, 여자는 남편이 떠난 후 15년을 더 산다고 한다. 겉보기에는 남자가 더 강하고 용감한 것 같지만 실상은 남자는 여자에 비해 고독에 약하고 자립성이 부족하다. 남자와 여자의 차이는 근본적으로 재료의 차이에서 찾을 수 있다. 성경을 보면 남자는 흙으로 만들어지고, 여자는 남자의 갈비뼈로 만들어졌다. 남자가 '토기'라면 여자는 '본차이나'라고 할 수 있다. 토기는 떨어지면 쉽게 깨지지만 본차이나는 잘 깨지지 않는다. 우스갯소리 같지만 사실이 그렇다.

아내가 떠난 후 유난히 힘들어하는 사람들은 현모양처 아내를 두었던 남편들이다. 이들은 평소에 아내가 하나부터 열까지 시중을 들어주어 집안일은 거의 할 기회가 없었던 데다가 집안 곳곳에 아내의 흔적이 없는 곳이 없기 때문에 아내가 세상을 떠나면 불편함과 그리움이라는 이중의 고통에 빠져 살아갈 기력을 잃고 만다.

인간은 올 때 혼자 왔다. 갈 때도 혼자 가야 한다. 아무리 헌신적인 아내와 남편이라고 해도 그 길을 같이 갈 순 없다. 죽음

의 길은 누구도 동행할 수 없는 외롭고 두려운 길이다. 이것이
우리가 기억해야 할 죽음의 현실이다. 내일 일은 알 수 없다. 내
일 무슨 일이 일어나도 후회가 없도록 살아있을 때 서로 아끼며
사랑하며 살아야 한다. 하루를 마지막처럼 기쁘고 즐겁게, 행복
하게 살아야 한다.

사랑과 능력

얼마 전 통영에 갔을 때 조예린 시인을 만났다. 건강하게 잘 지내고 있는 모습을 보고 무척 반가웠다. 함께 통영의 동원 컨트리클럽에 갔다. 이곳에서는 그의 부군(夫君)인 김용득 화가의 작품 전시회가 열리고 있었다. 통영이라는 도시는 동양의 나폴리로 불릴 만큼 아름다운 곳인데, 그 중에서도 동원 컨트리클럽이 위치한 곳은 그림같이 아름다운 곳이었다. 클럽 하우스 광장에 나서면 한려해상 국립공원 쪽빛 바다와 보석 같은 작은 섬들이 눈앞에 펼쳐진다.

정말 그림 같은 곳에서 그림을 전시하고 있었다. 통영의 작은 섬에서 태어나 통영을 속속들이 알고 있는 김 화백은 통영의 바다와 주변의 이미지들, 예를 들면 파도, 갈매기, 바다와 어우러진 해와 달, 별, 배, 동백나무와 소나무, 언덕 위의 흑염소, 텃새의 둥지 등을 그림의 소재로 삼고 있다.

전시장에서 나의 눈길을 끄는 작품이 있었다. 파도가 몰아치는 바닷가 바위 위에 두 마리의 갈매기가 앉아 있는 그림이었다. 두 마리의 갈매기는 짝이었다. 서로 사랑하는 짝이었기 때문에 나란히 붙어 있었다. 두 마리의 갈매기는 파도가 무섭지 않은 것 같았다. 부부나 가정 등 인간애를 표현하기 좋아하는 김 화백 역시 그러한 생각을 가지고 그렸다고 한다. 나는 그 그림에서 사랑과 능력을 생각했다.

사랑에는 위대한 힘이 있다. 사랑하면 사람이 달라진다. 얼굴이 밝아지고 예뻐지고 행복해진다. 그리고 사랑하면 담대해진다. 마냥 수줍던 딸이 아빠한테 대들고, 한 밤중에 담을 넘어 연인을 만나러 간다. 사랑하면 두려움이 사라진다. 성경은 "사랑 안에 두려움이 없고 사랑이 두려움을 내쫓나니 두려움에는 형벌이 있음이라 두려워하는 자는 사랑 안에서 온전히 이루지 못하였느니라."(요일 4:18)라고 말씀하고 있다.

다윗은 평생을 전쟁터에서 살았다. 그러나 하나님의 사랑을 경험한 다윗은 "내가 사망의 음침한 골짜기로 다닐지라도 해를 두려워하지 않을 것은 주께서 나와 함께 하심이라 주의 지팡이와 막대기가 나를 안위하시나이다."(시 23:4)라고 했다.

하나님은 우리를 위하여 자기 아들을 아끼지 아니하시고 십자가에 내어주셨다. 하나님의 사랑을 확신한 바울은 "내가 확신하노니 사망이나 생명이나 천사들이나 권세자들이나 현재 일이나 장래 일이나 능력이나 높음이나 깊음이나 다른 어떤 피조물이라도 우리를 우리 주 그리스도 예수 안에 있는 하나님의 사랑에서 끊을 수 없으리라."(롬 8:38-39)라고 했다.

김 화백의 그림에서 갈매기가 파도치는 바위 위에서 태연할 수 있었던 것은 사랑 때문만은 아니다. 갈매기에게는 날갯짓을 통해 위기 상황에서 벗어날 수 있는 충분한 능력이 있다. 그 능력을 믿기 때문에 두려워하지 않는 것이다.

우리에게도 세상을 이길 능력이 있다. 우리 안에 하나님께서 계시기 때문에 어떤 어려운 상황도 이길 수 있다. 이에 대해 요한은 "자녀들아 너희는 하나님께 속하였고 또 그들을 이기었나니 이는 너희 안에 계신 이가 세상에 있는 자보다 크심이라."(요일 4:4)라고 했다.

하나님의 자녀인 우리에게는 죽음까지도 이길 능력이 있다. 초대 교회 성도들은 부활을 믿었기 때문에 죽음 앞에서도 담대하게 "사망아 너의 승리가 어디 있느냐 사망아 네가 쏘는 것이 어디 있느냐."(고전 15:56)라고 외쳤다. 우리에게는 부활의 생명이 있다. 우리는 이 땅에 살고 있지만 하늘의 시민이다.

고난의 바다에서 환란의 풍파가 몰아칠지라도 우리에게는 사랑과 능력이 있음을 기억해야 한다. 우리에게 향하신 하나님의 절대적인 사랑과 우리 안에 거하시는 하나님의 능력을 믿고 부활과 영원한 하나님의 나라에 대한 소망을 가지고 담대하게 살아야 한다.

　얼마 전, 37년 목회를 하고 은퇴를 한 친구 목사의 가슴 아픈 이야기를 들었다. 그는 자신을 돌보지 않고 오직 목양 일념으로 2천명 교인의 교회로 성장시키고 필리핀에 8,000평의 교회 부지, 10만 평의 선교 사역지를 마련하는 등 목회에 전념했다. 그런데 목회 말기에 후임자로 생각했던 사람이 자신의 세력을 키우려고 파당을 만들고 그를 모함하고 힘들게 했다.

　그러자 그는 미련 없이 은퇴를 선언했다. 은퇴 후에는 남은 것이 아무 것도 없었다. 아무 것도 남은 것이 없다고 하는 그에게 빈손으로 왔다가 빈손으로 가는 것이 인생이라고 위로의 말을 해주었다. 이 세상 떠날 때 아무 것도 없이 가는 것은 당연한 것이고, 그렇게 갈 수 있어야 잘 하는 것이다. 아낌없이 다 주고 가야 한다.

예수님은 30세에 광야에서 시험을 받고 공생애를 시작하셨다. 예수님은 가진 것 없이 지극히 단순한 삶을 사셨다. 예수님의 공생애는 한마디로 주는 삶이었다. 아낌없이 주는 나무처럼 예수님은 그렇게 일생을 사셨다. 주고 또 주고, 마지막에는 죄인들을 위해 십자가에서 물과 피까지 내어주셨다.

우리는 예수님을 본받아, 주는 삶을 살아야 한다. 우리말에 "돈 벌어서 남 주나!", "배워서 남 주나!"라는 말이 있다. 그리스도인들에게는 이 말이 맞지 않다. 우리는 돈 벌어서 남 주고, 배워서 기꺼이 남 주는 사람으로 살아야 한다.

지혜로운 삶을 가르치는 전도서에서는 "너는 네 떡을 물 위에 던져라 여러 날 후에 도로 찾으리라 일곱이나 여덟에게 나눠 줄지어다 무슨 재앙이 땅에 임할는지 네가 알지 못함이니라."(전 11:1-2). 주면 도로 받게 되므로 주는 것은 보험의 성격이 있다. 예수님은 "주라 그리하면 너희에게 줄 것이니 후히 되어 누르고 흔들어 넘치도록 하여 너희에게 안겨 주리라."(눅 6:38)라고 하셨다. 세상에서는 주면 부족해지지만 하나님 나라에서는 주면 풍성해진다. 이것이 하나님 나라의 원리이다.

바울은 주는 삶에 대하여 "하나님이 모든 은혜를 너희에게 넘치게 하시나니 이는 너희로 모든 일에 항상 모든 것이 넉넉하여 모든 착한 일을 넘치게 하려 하심이라.”(고후 9:8)라고 했다. 하나님은 우리가 모든 것이 넉넉해서 기쁨으로 착한 일 하기를 원하신다. 그래서 모든 은혜를 넉넉하게 주신다. 그러나 하나님의 은혜를 하나님의 목적대로 사용하지 않고 자기 자신의 유익만을 위해서 사용하거나 받은 은혜를 저버리고 교만하면 하나님은 어떻게 하실까? 더 이상 풍성한 은혜를 주실 수 없는 것이다.

은혜의 특성은 주면 부족하지 않고 더 풍성해지는 것이다. 나누어 줄 수 있다면 자꾸 주어야 한다. 그것이 하나님께서 우리에게 풍성한 은혜를 주시는 목적이다. 진정 주고자 하는 사람은 자신이 많이 갖고 있든 적게 갖고 있든 상관없이 항상 줄 것이다. 주는 것은 마음의 태도에 달려 있기 때문이다.

창세기에 나오는 요셉은 어린 시절 형들에게 미움을 받아 노예로 팔렸다. 성실하게 일했지만 강간범이라는 누명까지 쓰고 감옥에 들어가기도 했다. 그러나 그는 애굽의 국무총리가 되어서 애굽과 고대 근동의 사람들을 기근에서 구해내는 일을 했다. 만약 요셉이 색동옷을 입고 아버지의 사랑을 독차지하면서 호의호식하며 자랐다면 그는 다른 사람의 고통과 억울함을 헤아리지 못했을 것이다. 그러나 애굽의 총리 자리에 오르기까지 무수한 고난을 당했기에 그는 어려운 사람의 입장에서 선정을 베풀 수 있었다.

부유하게 어려움이 없이 자란 사람은 남의 어려움을 헤아릴 줄 모른다. 그렇기 때문에 남을 위한 삶을 살기 어렵다. 우리에게 다가오는 일시적인 고난은 성숙을 위한 것이다. 고난은 나 자신을 돌아볼 수 있는 기회이고, 어렵고 힘든 다른 사람들을 이해할 수 있는 기회이다.

오늘 하루를 잘 살자

연말이 되면 한 해를 돌아보고 새해를 맞이하려는 분위기 속에서 살게 된다. 새해가 되면 새로운 계획을 세우고 뭔가 새롭게 해보려고 한다. 그런데 생각해 보면 새해라는 것이 사실 별것 아니다. 영원한 시간의 개념에서 보면 새해라는 것은 아무 의미가 없다.

세상에는 가장 소중한 세 가지 금이 있다고 말한다. 하나는 인간의 물질적인 삶을 풍요롭게 만들어주는 '황금'이고, 또 하나는 음식의 부패를 막아주고 맛을 돋우어주는 '소금'이고, 또 하나는 그 무엇보다도 중요한 '지금'이라고 한다. 사람들은 나이가 들면 너나없이 '그때가 좋았는데 …'라며 지난날을 돌아보며 아쉬워한다. 그러나 지나간 시간은 돌이킬 수 없다. 과거의 추억도 아니고, 미래의 희망도 아니고, 현재 살아 숨 쉬고 있는 지금이 가장 소중하다. 영어의 present는 선물이라는 뜻도 있지만 현재라는 뜻도 있다. 지금 현재 주어진 시간이야말로 하나님께서 우리에게 주신 최고의 선물이다. 하나님은 하루 24시간이라는 선물을 누구에게나 공평하게 주셨다.

성경은 지금 우리에게 주어진 시간에 충실할 것을 교훈하고 있다. 바울은 "이르시되 내가 은혜 베풀 때에 너에게 듣고 구원의 날에 너를 도왔다 하셨으니 보라 지금은 은혜 받을 만한 때요 보라 지금은 구원의 날이로다."(고후 6:2)라고 하며 지금을 강조했다. 은혜 받은 자의 모습은 지금, 현재에 나타나야 한다. 지금 행복하고, 지금 기쁘게 살아야 한다.

'오늘은 나쁘지만 내일은 괜찮아질 거야!', 이런 소망을 갖는 것도 좋지만 지금의 은혜를 누릴 수 있어야 한다. 왜 그럴까? 하나님의 은혜는 과거에만 있었던 것이 아니라 지금 임하고 있기 때문이다. 또한 미래에 주어질 것이 아니라 지금, 현재에 충분히 임하고 있기 때문이다. 그렇기 때문에 우리는 지금 은혜를 누려야 하고, 지금 기쁘고, 지금 만족해야 한다.

노아의 방주 문이 닫히기 까지는 모든 사람들에게 구원의 기회가 주어져 있었다. 그러나 일단 닫힌 문은 다시 열리지 않았다. 이렇듯 때가 있다. 우리에게 주어진 때는 지금 이 순간뿐이다. 성경은 "내일 일을 자랑하지 말라 하루 동안에 무슨 일이 일어날는지 네가 알 수 없음이니라."(잠 27:1)라고 말씀하고 있다. 그 누구에게도 내일이 보장되어 있지 않다. 내일의 시간은 오직 하나님의 손에 쥐어져 있을 뿐이다. 내일은 하나님의 비밀이다. 내일을 모르는 것이 인생이다. 우리는 하루하루 하나님만 의지하면서 살아야 한다.

사람들은 잘 살고 싶어 한다. 지금 주어진 삶에 만족하지 못하고 더 나은 내일을 바라보지만 그것은 무지개를 잡으려는 것처럼 어리석은 것이다. 오늘 하루를 잘 살아야 한다. 오늘 하루를 잘 사는 방법은 오늘이 마지막이라고 생각하며 사는 것이다. 그러면 무엇이 소중한지 알게 되고 모든 일에 최선을 다할 수 있게 된다.

"내가 헛되이 보낸 오늘은 어제 죽은 이가 갈망하던 내일이다."라는 말이 있다. 오늘 선물로 주어진 하루를 최선을 다해 살아야 한다. 오늘 하루를 잘 사는 사람이 평생을 잘 살 수 있는 사람이다. 사람들이 한 달, 일 년을 구분하고 새로워지려고 노력하는 것은 잘 살아보려는 것이다. 그러나 한 달, 일 년, 길게 볼 것 없다. 우선 오늘 하루를 잘 살아야 한다. 오늘 하루를 잘 살면 일주일을 잘 살게 되고, 한 달을 잘 살게 되고, 일 년을 잘 살게 되고 일평생을 잘 살게 된다. 오늘 하루가 중요하다. 하루 하루 잘 사는 데 집중해야 한다.

새 날의 기도

새 해는 없나니

다만

새 날이 있을 뿐입니다!

우리를 위하여

태초에 켜 놓으신 해의 등불은

걸어두신 자리에서 불타오르지만

태양도 꺼질 날이 오리이다

오직

당신께서 여시는 새 날은 있어

햇빛보다 밝은

여호와의 깃발의 날이 열릴 것입니다

악이 이기지 못하게 하옵소서

죄가 이기지 못하게 하옵소서

당신의 공의와 정의가

오늘도 우리의 일용할 양식이 되게 하옵소서

날마다 죽고 새로 살아나

새 날을 사는 사람

그 사람의 이름이 새 사람입니다

그 사람의 나라가 새 나라입니다

새 날에 새 날을 잇대어

우리가 밟아온 모든 날들이

성벽처럼 띠를 띠는 날

새 예루살렘으로 열리는 길은

손뼉을 치며 일어서게 되리이다

새 날을 살게 하옵소서!

날마다 죽게 하옵소서!

날마다 살게 하옵소서!

새 사람으로

새 나라에서

'오늘'을 이기는 자,

마침내 그가

천국의 노둣돌임을

오오 당신이여,

결단코

결단코

잊지 않게 하옵소서!

* 노둣돌 : 말을 타고 내릴 때에 발돋음으로 쓰기 위해 대문 앞에 놓은 큰 돌

잠잠히 사랑하시는 하나님

사랑이 있는 마을 인근에 은행나무 숲이 있다. 몇 년 전부터 무료로 은행나무 숲을 개방하면서 이곳은 오대산의 유명 관광지가 되었다. 해마다 노랗게 단풍이 드는 가을철이면 수많은 사람들이 몰려온다. 이로 인해 지역 주민들의 경제활동에도 큰 도움을 주고 있다.

은행나무 숲 주인인 유 집사님은 사람들의 별명을 잘 짓는다. 어딘지 모르게 수심이 가득해 보이는 어느 권사님에게 봉선화라고 별명을 붙였고, 노래할 때 낭만적이라고 해서 어느 권사님에게 낭만파, 눈썹이 새까맣다고 해서 어느 장로님에게는 관운장, 박 권사님에게는 대처라고 하는 등, 사람을 보면 잘 기억하기 위해 한 사람 한 사람에게 별명을 붙인다고 했다.

유 집사님은 나에게 노래방에 세 번 같이 가면 교회에 나오겠다고 했던 분으로 그동안 하나님의 사랑과 은혜로 교회 봉사도 열심히 하시고, 아들은 신학을 공부하여 목사님이 되었다. 얼마 전 유 집사님이 내 아내에게 말이 없다는 뜻으로 '달덩이'라는 별명을 지었다. 사실 아내는 지금까지 묵묵히 목회자 사모로서의 길을 걸어왔다. 마음이 넉넉하고 성실한 아내 덕분에 목회를 했다고 해도 과언이 아니다.

고산(孤山) 윤선도(尹善道)의 시조 오우가(五友歌)의 마지막 수에 "작은 것이 높이 떠서 만물을 다 비추니 밤중의 광명이 너만한 것 또 있느냐 보고도 말 아니하니 내 벗인가 하노라."라는 구절이 있다. 여기서 작은 것은 달을 의미한다. 달이 차별하지 않고 온 세상을 두루 비추고 있지만 말이 없다는 것이다. 침묵의 미덕을 노래한 것이다.

시조 오우가를 음미하다보면 우리를 잠잠히 사랑하시는 하나님이 생각난다. 스바냐 선지자는 "너의 하나님 여호와가 너의 가운데 계시니 그는 구원을 베푸실 전능자이시라 그가 너로 말미암아 기쁨을 이기지 못하시며 너를 잠잠히 사랑하시며 너로 말미암아 즐거이 부르며 기뻐하시리라 하리라."(습 3: 17)라고 말씀하고 있다.

하나님은 우리를 잠잠히 사랑하신다고 하셨다. 잠잠한 사랑은 큰 사랑을 말한다. 조금 큰 것이 아니라 엄청나게 큰 사랑을 말한다. 진정한 사랑, 큰 사랑은 떠드는 것이 아니다. 하나님의 사랑은 너무나 확실하기 때문에 구태여 떠들 필요가 없다. 큰 사랑이란 말에는 침묵하고 삶과 행동으로 보여 주는 것이다. 하나님은 우리를 온 천하보다 더 귀하게 여기시고 사랑하셔서 독생자까지 십자가에 내어주셨다. 그리고 예수님은 십자가에 달려 피 흘리시기까지 우리를 사랑하셨다. 지금 우리 눈에 안보이고 느껴지지 않을지라도 하나님은 잠잠히 우리를 사랑하고 계신다. 얕은 개울물은 소리를 내면서 흐르지만 깊은 강물은 아무 소리 없이 흘러간다.

가벼운 사랑에는 말이 많다. 그러나 사랑이 깊어지면 말이 없어진다. 사랑한다고 말하지 않아도 사랑을 알 수 있고 느낄 수 있다. 사랑하면 말이 없어도 그저 함께 있는 것 자체로 행복하다. 내가 저 사람과 결혼할 것인지 말 것인지를 판단하는 일은 간단하다. 같이 있는 것이 언제나 기쁘고 즐겁고 행복하면 결혼할 사람이다.

사랑받는 사람의 눈빛은 빛이 난다. 얼굴에서 광채가 난다. 사랑받고 사는 사람은 행복하기 때문에 주눅 들거나 낙심하지 않는다. 이것이 사랑의 위력이다. 남들은 걱정이 태산 같아도 얼굴이 환한 사람이 있다. 어떻게 그럴 수 있는지 궁금하면 알아보라. 틀림없이 그 사람은 사랑받고 사는 사람일 것이다. 사랑을 받으면 자신의 가치를 발견한다. 사랑받고 있다고 느낄 때 살아갈 의미가 있다고 생각하는 것이 인간이다.

나는 정말 아무 것도 아니다. 그런데 하나님께서 그런 나로 인하여 기쁨을 이기지 못하신다니 감격하지 않을 수 없다. 우리를 향한 하나님의 놀라운 사랑으로 인해 존재 자체만으로도 귀한 자신의 가치를 깨닫고 당당하게 살아야 할 의미를 발견하게 된다. 하나님은 잠잠한 사랑으로 늘 함께하신다. 그렇다면 우리는 더 이상 두 손을 늘어뜨리지 말고 하나님의 사랑 안에서 힘차고 씩씩하게 살아야 한다.

사람들을 구분하는 여러 방법들이 있다. 그 중 하나가 힘의 유무와 선하고 악함이다. 힘이 있는데 선한 사람이 있고, 힘이 있는데 악한 사람이 있다. 반면에 힘이 없는데 선한 사람이 있고, 힘이 없는데 악한 사람이 있다. 힘이 있는데 선한 사람이라면 얼마나 멋진 사람일까?

탈무드에 나오는 이야기이다. 어떤 랍비가 "내일 아침 6명의 사람이 모여서 어떤 문제를 해결하기로 했다."라고 말했다. 그런데 이튿날 아침이 되자 7명의 사람이 모였는데 그 중 한 사람은 초대도 하지 않은 불청객이었다. 그래서 "여기 올 필요가 없는 사람이 있으니 당장 돌아가라!"라고 말했다. 그러자 누가 보아도 꼭 참석해야 할 가장 유명한 사람이 일어나서 나가버렸다.

그는 왜 그렇게 행동했을까? 부름을 받지 않았거나 어떤 잘못으로 나온 사람이 굴욕을 느끼지 않도록 하기 위해 나가버린 것이었다. 돈 좀 있다고 가난한 자들 앞에서 돈 자랑하고, 조금 튼튼하다고 병든 자들 앞에서 건강 자랑하고, 조금 공부했다고 배우지 못한 자들 앞에서 지식 자랑하는 사람들이 얼마나 많은가? 누군가를 위해서 나가버린 그 사람, 참으로 존경스럽다.

그런데 이 세상에서 이런 사람을 찾아보기가 쉽지 않다. 이 세상은 약육강식의 법칙이 지배하는 정글과 같다. 힘이 있는 자들은 힘없는 약한 자들을 상대로 횡포를 부린다. 힘 있는 자들의 횡포, 권력의 무자비함 앞에서 약한 자들은 그저 눈물만 흘릴 뿐이다.

성경에서 볼 수 있는 힘 있고 선한 사람은 룻의 남편이 된 멋진 중년 신사 보아스이다. 룻기를 읽어보면 약자를 향한 그의 배려가 돋보인다. 또 예수님의 비유에 등장하는 강도 만난 자를 아무 조건 없이 도와준 사마리아 사람이다. 이런 사람들이 그렇다.

힘은 권력의 힘, 재력의 힘, 지식의 힘 등 여러 가지이다. 우리 신앙인의 경우는 믿음의 힘이 중요하다. 믿음의 힘이 있으면서 선한 사람이 있는가 하면 그렇지 못한 사람이 있고, 믿음의 힘이 없으면서 강한 사람이 있는가 하면 그렇지 못한 사람이 있다.

바울은 강한 믿음의 힘을 가졌지만 선한 사람이었다. 유대인들은 먹을 수 있는 음식과 먹을 수 없는 음식에 대한 규정이 까다롭다. 그러나 바울은 "음식물은 하나님이 지으신 바니 믿는 자들과 진리를 아는 자들이 감사함으로 받을 것이니라 하나님이 지으신 모든 것이 선하매 감사함으로 받으면 버릴 것이 없나니 하나님의 말씀과 기도로 거룩하여짐이라."(딤전 4:3-5)라는 믿음을 가지고 있었다. 그랬기 때문에 우상의 제물로 바쳐진 음식까지도 거리낌 없이 먹을 수 있었다. 하지만 그 힘을 남용하지 않았다. 바울은 자신의 믿음의 힘을 가지고 함부로 행동하여 "만일 음식이 내 형제를 실족하게 한다면 나는 영원히 고기를 먹지 아니하여 내 형제를 실족하지 않게 하리라."(고전 9:13)라고 했다.

또한 연약한 자들의 의견을 비판하지도 않았다. 그는 "믿음이 연약한 자를 너희가 받되 그의 의견을 비판하지 말라."(롬 14:1)라고 했다. 그 이유는 무엇일까? 이에 대해 바울은 "어떤 사람은 모든 것을 먹을 만한 믿음이 있고 믿음이 연약한 자는 채소만 먹느니라."(롬 14:2)라고 했다. 약한 자들에 대해 이해하고 배려하는 모습을 보여주고 있다.

우리는 종종 나보다 못한 자들을 향하여 우월감을 드러내며 잘 난 체하며 업신여길 때가 있다. 그런데 그것은 하나님 앞에서 용납될 수 없는 것이다. 왜 그럴까? "먹는 자는 먹지 않는 자를 업신여기지 말고 먹지 않는 자는 먹는 자를 비판하지 말라 이는 하나님이 그를 받으셨음이라."(롬 14:3). 하나님이 받으셨다는 것이 가장 중요한 이유이다.

자랑은 인간의 본능이다. 누구에게나 자랑거리가 하나씩은 다 있다. 어떤 사람은 돈과 명예와 가문과 권력과 학위를 자랑한다. 또 어떤 이는 인생 경험을 자랑하고 지식과 지혜를, 영어 실력을, 자식을, 자신의 힘을 자랑한다. 성경은 말씀하고 있다. "부한 자는 자기의 낮아짐을 자랑할지니 이는 그가 풀의 꽃과 같이 지나감이라."(약 1:10). 성도들은 오직 십자가, 오직 주님만 자랑하고 겸손하게 살아야 한다.

우 리

I 〈만남〉

네가 내게로 와서 우리가 되기까지는

나는

외로움이 무엇인지 아직 몰랐네

기다림이 무엇인지 아직 몰랐네

너를 만나고

비로소 나는

우리 안에 깃드는 법을 배웠네

내가 아닌 우리가 되기를

이처럼 간절히 바라는 기적을

처음 보았네

우리로 눈 뜨고

우리로 땀 흘리고

우리로 눈물 흘리는 일이

어떻게 낙원을 이루는가

잠들지 못하는 병고(病苦)의 밤에도

통증은 어떻게 살아있음의 불씨로 튀는가

늙고 병든 육체가 걸림이 되지 않음도

우리라는 신비가 일깨워 준

뜨거운

격려

Ⅲ 〈이별〉

길지 않아야 하리
죽음의 침묵이
무거운 돌문 속에 잠길 때
이별은 예정된 시간 속으로 사라지고
그러나
예정된 이별은 더 이상 이별이 아니라서
꽃으로 돌문을 두드리는
기쁨에 찬 네 목소리를 나는 듣겠네
멀면 멀수록 분명해지는 거리!

IV 〈그리고〉

기다림만 남았네

다시는 이별이 없는 하나됨만 남았네

내가 네 안에

네가 내 안에

온전히 우리가 되는 합일의 꿈은

천국의 혼인잔치에 다다라

고단한 행장을 마침내 풀겠네

이승에서처럼 부은 다리를 어루만져주는

따뜻한 네 손가락 마디마디마다

일만 송이의 백합화가 피어날 때

그 향기 속에서

문득 깨닫겠네

우리라는 꿈의 마침표이신 예수,

모든 강물이 바다로 흐르듯

그토록 목말랐던 일치의 꿈이

그분 안에서 온전히 완성됨을 …!

'우리'의 본 이름

아아,

사랑!

Part 3

소망의 길

잊지 말아야 할 일

　우리에게는 잊어야 할 일과 잊지 말아야 할 일이 있다. 성경은 "너희는 이전 일을 기억하지 말며 옛적 일을 생각하지 말라."(사 43:18)라고 말씀하고 있다. 현재의 삶에 부정적인 영향을 미치는 과거의 안 좋은 사건과 어두운 기억들을 잊으라는 것이다. 반면에 우리가 잊지 말아야 할 것이 있다. 그것은 우리가 반드시 죽는다는 사실이다. 성경은 "한번 죽는 것은 사람에게 정해진 것이요 그 후에 심판이 있으리니"(히 9:27)라고 말씀하고 있다. 죽음 앞에 서게 되면 세상의 명예, 권세, 재물이 아무것도 아니라는 것을 알게 된다. 죽음에 대한 인식이 있어야 올바로 볼 수 있다. 무엇이 최고의 가치인지 우리가 우선순위로

삼아야 할 것들이 무엇인지 깨달을 수 있다. 그렇기 때문에 지혜로운 사람은 반드시 죽는다는 사실을 인정하고 죽음을 묵상하며 산다.

고대 그리스의 알렉산더 대왕의 아버지 필립 2세는 그의 신하에게 아침마다 냉수 한 잔을 들고 와서 "필립 왕이여! 왕은 반드시 죽는다는 사실을 기억하십시오."라는 말을 하게 했다고 한다. 막강한 권력을 가진 왕이었지만 그도 극복할 수 없는 한계를 가진 연약한 존재, 죽음을 거부할 수 없는 존재임을 항시 기억하기를 원했던 것이다.

옛날 로마에서는 원정에서 승리를 거두고 개선하는 장군이 시가행진을 할 때 노예를 시켜 행렬 뒤에서 큰 소리로 '메멘토 모리'를 외치게 했다. '메멘토 모리(Memento Mori)'는 라틴어로 '죽음을 기억하라.'라는 뜻이다. '전쟁에서 승리했다고 너무 우쭐대지 말라. 오늘은 개선장군이지만 너도 언젠가는 죽는다. 그러니 겸손하게 행동하라.'라는 교훈을 주는 의미 있는 풍습이었다.

그런데 사람들은 죽음에 대해서 생각하려고 하지 않는다. 죽음을 생각하지 않으려고 4(死)라는 숫자까지 기피하고 있다. 그렇다고 해서 죽음을 피할 수 있는 것이 아니다. 우리는 죽음을 똑바로 쳐다보면서 죽음을 묵상하며 살아야 한다. 그래야만 사람답게 살 수 있다.

이솝 우화에 이런 이야기가 있다. 사자와 나귀와 여우가 함께 사냥을 나갔다. 많은 먹이를 사냥하여 셋이 나누게 되었다. 나귀는 셋이서 같이 잡은 것이니 삼등분하자고 제안했다. 그 말을 듣자 사자가 나귀를 물어 죽였다. 그리고 여우에게 물었다. 여우가 9대 1로 나누자고 제안했다. 사자는 여우에게 "어떻게 그런 갸륵한 생각을 했느냐?"라고 물었다. 여우는 "바로 전에 나귀가 죽는 것을 보고 깨달았다."라고 대답했다.

자신이 죽는다는 사실을 받아들일 때 지혜가 생긴다. 죽음을 본 자는 인생의 의미를 다시 생각하게 되고 내려놓게 된다. 그렇기 때문에 성경은 잔치 집에 가는 것보다 장례식에 갈 것을 권하고 있다(전 7:2). 철없던 아이도 아버지의 죽음을 겪고 나면 더 이상 개구쟁이 짓을 하지 않는다. 죽음을 본 자는 인생을 진지하게 살게 된다. 죽는다는 사실을 받아들여야 죽음 너머 부활의 세계를 바라보게 된다.

사람이 한 번 죽는 것은 정해진 것이다. 죽음은 항상 우리 곁에 있다. 언제 나에게 죽음이 다가올지 모른다. 또한 내일 일은 누구도 알 수 없다. 성경은 "너는 내일 일을 자랑하지 말라 하루 동안에 무슨 일이 일어날는지 네가 알 수 없음이니라."(잠 27:1)라고 말씀하고 있다.

우리는 그저 오늘 하루를 사는 존재일 뿐이다. 이것이 인간의

실존이다. 우리가 죽는다는 사실과 내일은 우리의 시간이 아니
라는 사실을 잊지 않고 기억하며 산다면 오늘을 마지막처럼 살
수 있다. 오늘을 마지막처럼 사는 사람에게는 염려할 일이 없
고, 용납하고 용서하지 못할 일이 없다.

타락 이전의 에덴동산의 모습을 보면 최초의 인간 아담과 하와가 벌거벗은 채로 살았다. 그들은 벌거벗었지만 부끄러워하지 않았다. 그런데 선악과를 따 먹은 후로 벗은 것을 부끄럽게 여기게 되었다. 그래서 아담과 하와는 무화과나무 잎으로 치마를 만들어 부끄러움을 가렸다. 그럼에도 불구하고 아담과 하와는 아담을 부르시는 하나님의 소리를 듣고 "내가 벗었으므로 두려워하여 숨었나이다."(창 3:10)라고 대답했다.

왜 이렇게 되었을까? 아담과 하와가 부끄러움을 느끼게 된 것은 하나님을 바라보지 않고 자신들을 바라보았기 때문이었다. 선악과는 절대 믿음, 절대 순종, 절대 예배, 절대 헌신의 하나님

중심주의를 의미한다. 그런데 아담과 하와는 하나님 같이 될 것이라는 사탄에게 속아 선악과를 따먹고 말았다. 이것은 하나님 중심주의에서 인간 중심주의로의 전환을 의미한다. 인간 중심주의는 인간이 세계 및 모든 상황의 중심이며 궁극의 목적이다. 하나님이 아니라 내가 모든 판단의 기준이다. 내 기준으로 선악을 판단한다.

인간 중심주의는 하나님의 법을 따르는 것이 아니라 인간의 육체적 본능과 마음을 따라 행하는 것이다. 로마서 1장을 보면 하나님을 떠나 인간 마음대로 살아가는 모습을 보여주고 있다. "하나님께서 그들을 부끄러운 욕심에 내버려 두셨으니 곧 그들의 여자들도 순리대로 쓸 것을 바꾸어 역리로 쓰며 그와 같이 남자들도 순리대로 여자 쓰기를 버리고 서로 향하여 음욕이 불 일 듯 하매 남자가 남자와 더불어 부끄러운 일을 행하여 그들의 그릇됨에 상당한 보응을 그들 자신이 받았느니라."(롬 1:26-27). 하나님은 동성애는 죄라고 분명히 경고하고 있지만 인간 중심주의는 동성애를 소수자의 권리라며 그것이 죄라는 사실을 부정하고 있다. 인간 중심주의 세상에서 하나님의 말씀은 아무런 의미가 없다.

인간 중심주의의 관심은 언제나 세상 속의 자신에게 있다. 자신이 세상의 중심이므로 끊임없이 자신을 바라보며 다른 사람과 자신을 비교하며 판단한다. 자신이 다른 사람보다 낫다고 생각되면 교만과 거만과 오만이 생기고, 상대방보다 부족하다고 생각될 때에는 열등감과 시기와 질투가 생기는 것이다.

처음에는 좋아서 어쩔 줄 모르던 부부들이 왜 얼마 지나지 않으면 실증과 권태를 느끼고, 꼴도 보기 싫어하며, 평생 원수로 살게 되는 것일까? 서로를 바라보기 때문이다. 부족한 인간을 바라보면 당연히 그렇게 되고 만다. 그래서 나는 결혼식 주례를 할 때 신랑과 신부에게 서로를 바라보지 말고 주님을 바라보라고 권면한다.

부부관계는 남편의 아내에 대한 사랑과 아내의 남편에 대한 존경이 있어야 유지될 수 있다. 처음에는 어느 정도 가능하지만 세월이 지날수록 어려워진다. 인간적으로 서로를 바라보면 절대로 사랑하고 존경할 수 없다. 그러나 주님을 바라보면 주님의 말씀을 따라 남편은 아내를 자신의 몸과 같이 사랑하고, 아내는 남편을 존경할 수 있게 된다.

우리의 신앙생활도 오직 주님만을 바라볼 때 넘어지는 일 없이 하나님 나라를 향해 길을 갈 수 있다. 바울은 "너희가 그리스도와 함께 다시 살리심을 받았으면 위의 것을 찾으라 … 위의 것을 생각하고 땅의 것을 생각하지 말라."(골 3:1-2)라고 말씀하고 있고, 히브리서 기자는 "믿음의 주요 또 온전하게 하시는 이인 예수를 바라보자.”(히 12:2)라고 말씀하고 있다.

주님의 십자가를 바라볼 때 우리는 주님의 마음과 사랑으로 서로를 불쌍히 여기며 서로 용서할 수 있다. 우리의 눈을 자신에게서 돌려 주님을 향하도록 해야 한다. 우리 믿음의 선진들은 믿음의 주요 온전하게 하시는 이인 예수를 바라본 자들이었다. ‘이 몸의 소망 무언가 우리 주 예수뿐일세!’ 이 찬양의 가사가 우리의 고백이 되어야 한다.

안이숙 사모의 조카 한 분이 신앙상담을 위해 사랑이 있는 마을로 나를 찾아왔다. 그분으로 인해 안이숙 사모를 생각하게 되었다. 안이숙 사모는 일본 강점기 시대에 신사참배 강요에 맞서 투쟁하다가 옥중생활을 하게 되었고, 평양형무소에 수감되어 주기철 목사, 최봉석 목사, 이기선 목사, 그 외의 신사참배를 반대했던 분들과 함께 옥중생활을 했다. 안이숙 사모가 쓴 『죽으면 죽으리라』는 그가 옥중생활을 하면서 겪은 이야기들을 기록한 책이다.

안이숙 사모의 사형 집행일이 1945년 8월 18일이었는데 3일을 앞두고 8월 15일에 해방이 되어 자유의 몸이 되었다. 안이숙 사모는 자신을 '실격된 순교자'라고 했지만 우리가 볼 때는 '산 순교자'이다. 안이숙 사모가 세상에 알려진 이유는 옥중생활에서 착한 양, 착한 목자로서 주님의 참사랑을 몸소 실행한 데 있었다. 주님께서는 안이숙 사모를 통해 각색 죄수들과 간수들에게 복음을 전하게 하셨으며 그들에게 하나님과의 사랑을 회복시키셨다.

우리가 예전에 즐겨 부르던 복음 성가 중에 '내일 일은 난 몰라요.'라는 곡이 있는데 이 곡은 안이숙 사모가 가사를 쓴 것이다.

내일 일은 난 몰라요. 하루하루 살아요. 불행이나 요행함도 내 뜻대로 못해요. 험한 이 길 가고 가도 끝은 없고 곤해요. 주님 예수 팔 내미사 내 손 잡아 주소서. 내일 일은 난 몰라요. 장래 일도 몰라요. 아버지여 날 붙드사 평탄한 길 주옵소서.

좁은 이 길 진리의 길, 주님 가신 그 옛 길, 힘이 들고 어려워도 찬송하며 갑니다. 성령이여 그 음성을 항상 들려 주소서. 내 마음은 정했어요. 변치 말게 하소서. 내일 일은 난 몰라요. 장래 일도 몰라요. 아버지여, 아버지여 주신 소명 이루소서.

만왕의 왕 예수께서 이 세상에 오셔서 만백성을 구속하는 참 구주가 되시네. 순교자의 본을 받아 나의 믿음 지키고, 순교자의 신앙 따라 이 복음을 전하세. 불과 같은 성령이여 내 맘에 항상 계셔 천국 가는 그 날까지 주여 지켜 주옵소서.

정말 마음에 와 닿는 가사이다. 내일은 고사하고 몇 시간 후의 일도 모르고 살아가는 것이 우리 인간들이다. 그런데 누구나 이 가사에 은혜를 받는 것은 아니다. 어떤 사람이 트위터에 이런 글을 올렸다. "정신이 문제이다. 기독교 정신을 이 땅에서 근절해야 한다. '내일 일은 난 몰라요. 하루하루 살아요.'라는 식으로 뭘하겠는가?" 아직 인생을 잘 몰라서 하는 말이다.

며칠 전 중년의 환자 부부가 나를 찾아왔다. 이 부부는 사랑이 있는 마을 근처에 집을 사서 요양을 하고 있었다. 본래 아내가 몸이 안 좋아서 남편이 아내를 위해 집을 산 것이었다. 그런데 3개월 전에 남편이 건강 검진을 받으러 갔다가 폐암 4기, 뇌종양이라는 판정을 받았다. 암은 잘 드러나지 않기 때문에 신체검사를 받고 발견되었다 하면 대개 4기인 경우가 많다. 그러나 일단 암이 발견되면 초기든 4기든 별 차이가 없다.

아무튼 남편은 아내를 위해 집을 샀지만 그 집은 결국 자신의 요양을 위한 집이 되고 말았다. 이들의 사연을 들으면서 안이숙 사모가 작사한 '내일 일은 난 몰라요'가 정말 가슴에 와 닿았다. 우리는 내일 일을 자랑하지 말아야 한다. 하루 동안에 무슨 일이 일어날는지 알 수 없기 때문이다.

내일은 우리의 영역이 아니다. 내일의 시간은 전적으로 하나님의 손에 달려 있다. 그러므로 주어진 지금 이 시간이 중요하다. 언제 어떻게 될지 무슨 일이 일어날지 아무도 모른다. 우리는 이 사실을 잊지 말고 오늘 하루를 살아야 한다. 날마다 주어지는 하루하루를 잘 살다보면 잘 살다 가는 인생이 될 수 있다.

문은
열려 있다

요즘 우리나라의 자동화는 놀라울 정도로 급속히 발전하고 있다. 새로 지은 건물의 문은 거의 대부분 자동문이다. 사람이 문에 가까이 가면 사람을 인식해서 문이 자동으로 열리거나 또는 문에 부착된 바를 터치하면 문이 열린다. 그러나 외국인에게는 이런 자동문이 생소하고 어렵다.

최근에 방영된 '어서 와, 한국은 처음이지?'라는 프로에서 자동문 앞에서 난감해하는 외국인들의 모습을 볼 수 있었다. 자동문 앞에서 손만 갖다 대면되는데 그것을 몰라서 문 앞에서 안절부절못하여 시청자들의 웃음을 자아냈다. 자동문은 우리나라 사람들에게는 너무나 간단한 것이다. 손만 갖다 대면된다. 그러나 모르면, 열려 있는 것이나 다름없는 문 앞에서 들어오지 못하고 쩔쩔매게 된다. 이것이 아는 것과 모르는 것의 차이이다.

복음도 알면 아주 쉽고 간단하다. 사람들이 종교를 갖는 것은 궁극적으로 구원을 받기 위해서이다. 그런데 대부분의 종교들은 그 구원의 길이 멀고 험하다고 말한다. 평생 수행을 하고 선행을 하고 노력해야 간신히 구원을 얻을까 말까이다. 그러나 기독교에서 말하는 구원은 자동문과 같이 간단하다. 믿음으로 손만 갖다 되면 구원의 문이 열린다.

그렇기 때문에 세례 요한은 유다 광야에서 "회개하라 천국이 가까이 왔느니라."(마 3:2)라고 외쳤다. 영어 성경은 "Repent, The kingdom of God is at hand."로 되어 있다. 영어 성경에서는 '가까이'라는 말이 'at hand'로 되어 있다. 손닿을 곳에 있다는 것이다. 손만 뻗으면 천국의 문은 열린다. 세례 요한은 여기서 손을 뻗는 일을 회개하는 것으로 언급했다. 예수 그리스도가 우리의 구주가 되신다는 사실을 믿고 죄를 회개하기만 하면 용서받고 천국에 들어갈 수 있다.

예수님도 공생애를 시작하시면서 일성으로 "회개하라 천국이 가까이 왔느니라."(마 4:17)라고 선언하셨다. 세례 요한도 똑같이 말했다. 천국이 손닿을 곳에 있으니 회개하고 천국의 문을 열라고 가르쳐 주었다. 천국은 저 멀리에 있는 것이 아니다. 아주 가까이에 있다. 믿음의 손을 뻗기만 하면 된다.

그런데 사람들은 이 사실을 모르기 때문에 바로 눈앞에 천국을 두고도 엉뚱한 곳에서 천국을 찾고 있고, 천국 문을 열기 위해 아무 소용도 없는 온갖 노력을 하고 있다. 회두청산(回頭靑山)이라는 말이 있다. 고개를 돌리니 그토록 찾아 헤매던 청산(靑山)이 거기 있더라는 말이다. 눈길 한 번, 손짓 하나, 말 한마디에 문득 마음을 돌려먹는 것, 그것이 바로 회개의 신비이다. 회개의 신비를 아름답게 표현한 시(詩)가 있다. "하루 종일 봄을 찾아다녀도 봄을 찾지 못하고 신발이 다 닳도록 산등성이 구름만 좇아 헤맸네. 집에 돌아와 우연히 매화나무 밑을 지나치는데 봄은 이미 매화나무 가지 위에 온전히 와 있었네."(남송 시대 「학림옥로」(鶴林玉露) 6권에 실려 있는 무명 시).

하나님께서는 우리를 구원하기 위해 사랑하는 당신의 외아들 예수 그리스도의 목숨까지 버리게 하셨다. 하지만 사람들은 아직도 그 의미를 올바르게 깨닫지 못해 살아있으면서도 죽음의 나라에 머물고 있다. 손만 뻗으면 바로 영원한 생명이 주어지고 천국의 문이 열리는데 사람들은 안타깝게도 이 사실을 모르고 산다.

육적으로 눈 먼 소경은 자신의 영감과 영혼의 눈으로 주위를 직감하고 아름다움을 느끼면서 살아간다. 하지만 육신의 눈은 떠져 있으되 앞을 바라보지 못하는 영적 소경의 영혼은 죽음의 나라에서 헤매고 있다. 천국은 손닿을 곳에 있다. 이 사실을 모른다면 얼마나 안타까운 일인가? 모두에게 전하라. 천국이 손닿을 곳에 있다고….

아픔의 눈물이 길을 낸다

나이가 들면서 여기저기 아픈 곳이 많아진다. 고통으로 인해 밤잠을 제대로 자지 못할 때가 많다. 생로병사는 그 누구도 거부할 수 없고 벗어날 수 없는 원죄를 안고 사는 피조물 인간의 한계요 운명이다. 하나님은 우리에게 생명도 주셨고 죽음도 주셨다. 건강도 주셨고 병도 주셨다. 우리 삶에서 일어나는 모든 일에는 하나님의 뜻이 있다. 고통에도 하나님의 뜻이 있다. 고통의 의미를 묵상하다보면 하나님의 은혜가 깨달아진다. 아프지 않았더라면 생각할 수 없는 것들이 깨달아진다.

아픔의 눈물이 하늘로 향하는 길을 낸다. 아픔으로 인해 몸은 괴롭고 힘이 들지만 영혼의 눈은 더욱 맑아지고, 영혼의 귀는 더욱 밝아지고, 영적 감각은 더욱 예민해진다. 세상을 바라보던 눈이 영적 본향인 하늘나라를 바라보게 되고, 오직 주님만을 사모하게 된다. 희미하게 보이던 길이 환하게 보인다. 내가 가야 할 길이 확실하게 보인다.

아브라함을 비롯한 믿음의 선조들은 이 세상에서 길 가는 나그네로 살았다. 부자였지만 장막에 살면서 이 세상에 소망을 두지 않았다. 어렵고 힘든 때에도 옛날의 삶으로 되돌아가지 않았다. 그들이 가나안을 사모하고 바라보며 나그네로 살았던 것처럼 우리도 영적 본향을 사모하며 영원한 소망으로 살아야 한다.

우리에게 삶으로 고통의 의미를 알려준 사람은 종교개혁자 존 칼빈이다. 그는 몸이 튼튼하지 못했다. 30세에 건강을 잃었다. 그는 계속해서 소화불량, 두통, 담석, 치질, 열, 통풍, 결핵, 천식으로 고생했다. 질병으로 고통스러우면 "하나님이 나를 찢으시니 영광을 돌립니다."라고 했다. 칼빈은 편두통의 공격을 피하기 위하여 하루에 한 끼만 식사를 하고, 늙으면서 굽어지고 수척하게 되었다. 칼빈이 걸어가면 사람들은 "저기 종합병원이 걸어간다."라고 말 할 정도로 병약했다.

칼빈은 하루 네 시간 잠을 잤고, 병중에도 네 사람의 비서가 그의 글을 기록했다. 매일 설교와 강연, 요한계시록을 제외한 신구약 모든 성경을 강해했다. 그는 질병으로 고통스러워하면서도 수많은 사람이 평생 하여도 못할 일을 짧은 생애에 이룩했다. 그가 가진 영감은 고통 속에서 하나님 나라의 영광을 바라보는 믿음이 깊어진 가운데 나온 것이었다.

칼빈에 의하면 하나님은 우리 성도들이 현세에 대해 과도한 애착을 갖지 못하도록 여러 종류의 고난을 허락하신다고 했다. 빈곤, 질병, 흉년, 화재, 강도, 전쟁 등의 재난과 재앙들을 허락하심으로 우리가 현세에서 깊고 든든한 평안을 누리지 못하도록 하신다는 것이다. 하나님은 우리에게 각종 시련과 어려움들을 보냄으로써 우리가 "내 영혼아, 여러 해 쓸 물건을 많이 쌓아 두었으니 평안히 쉬고 먹고 마시며 즐거워하자."라고 말했던 저 어리석은 부자처럼 허리띠를 풀고 태만한 생활을 하지 못하게 하신다. 칼빈은 임종이 가까이 왔을 때 "생각하건대 현재의 고난은 장차 우리에게 나타날 영광과 비교할 수 없도다."(롬 8:18)라는 말씀을 거듭 외우다가 운명했다.

우리는 끊임없는 고난 속에서 산다. 그러나 우리가 들어갈 영원한 본향에는 고난이 없고 기쁨과 평안과 하나님의 영광으로만 가득하다. 우리는 그 영광을 바라보며 살아야 한다. 그 날이 다가오고 있다. 밤이 깊으면 새벽이 가까운 것처럼 죄악의 밤이 깊어 가면 주님께서 다시 오실 날이 멀지 않은 것이다.

영적으로 우리 성도들은 신랑 되시는 주님을 기다리는 신부이다. 찾아올 신랑을 맞이하기 위한 등불을 켜고 있어야 하는데 졸다보면 기름이 떨어져가는 줄 모른다. 사람들은 세속의 향락에 취하여 정신이 없다. 영적으로 깊은 잠에 빠져있다. 그래서 성경은 말씀하고 있다. "너희가 이 시기를 알거니와 자다가 깰 때가 벌써 되었으니 이는 이제 우리의 구원이 처음 믿을 때보다 가까웠음이라."(롬 12:11). 이제 잠에서 깨어야 한다. 자리에서 일어나 기름을 채우고 주님을 맞이할 준비를 해야 한다.

89세 되신 어느 장로님과 이야기를 나누게 되었다. 그분은 건축위원장으로 교회 건축하는 일에 충성하였을 뿐 아니라 교회를 위해 많은 일을 하셨다. 얼마 전 치매를 앓던 아내가 먼저 세상을 떠남으로 인해 우울한 상태에 있었고, 삶의 허무를 심하게 느끼고 있었다.

그분은 나에게 "상패가 30개나 되는데 이제는 정리하고 싶습니다. 어떻게 하면 좋을까요?"라고 물었다. 쓰레기통에 버리자니 자신의 이름 뿐 아니라 상패를 만들어 주신 분의 이름이 들어 있어서 차마 그럴 수 없기 때문에 방법을 물었던 것이다.

깨부수면 어떻겠느냐고 하기에 그러다가 다칠 수도 있다고 만류했다. 이런 저런 방법을 생각하다가 묘를 이장할 것이라고 하기에 그때 그곳에 묻으라고 권하고 상패 이야기를 끝냈다.

누구에게나 몇 개씩의 상패가 있다. 세월이 지나면 처지 곤란한 애물단지가 되고 만다. 더구나 그 상패가 돌이나 유리로 만들어진 것이라면 버리는 일도 쉽지 않다. 그래서 나는 나중에 처분하기 좋은 조그만 금박 상패를 선호한다.

사실 상패나 메달, 트로피가 무슨 의미가 있는가? 수없이 많은 상패들이 형식적으로 만들어지고, 주거니 받거니 하고 있다. 그런 상패는 누구도 기억하지 않는다. 사무실에 전시해 놓아도 거들떠보는 사람이 없다. 그저 자기만족일 뿐이고, 그것도 한때에 불과하다.

그런데 사람들은 인생의 전성기를 맞이하면 무언가 영원한 유산을 남기고 싶어 하는 헛된 욕망을 갖는다. 죽은 후에 사람들이 자신을 기억해주기를 바라고, 두고두고 자기의 업적을 인정하고 칭송해주기를 바라는 마음을 갖는다.

그러나 그것이 얼마나 허무한 것인지 알아야 한다. 아무리 대단한 기록을 세웠다 할지라도 그 기록이 깨어지는 날이 오고, 세월이 지나면 아침 안개처럼 명성도 사라지고, 공로도 사람들의 기억에서 사라지는 날이 반드시 오게 되는 것이다.

노벨상이나 퓰리처상을 받은 사람들, 아카데미 최우수 남우·

여우주연상을 받은 사람들, 월드 시리즈 우승팀 MVP, 이들은 그들의 분야에서 최고의 자리에 선 사람들이다. 하지만 대다수의 사람들은 그들의 이름을 거의 기억하지 못한다.

제임스 돕슨이라고 하는 미국의 유명한 목사님이 계신다. 이분은 '포커스 온 더 패밀리(The Focus on the Family)'라는 단체를 설립하고 가정 사역을 열심히 하다가 2009년 이사장에서 은퇴를 했다. 그는 대학 시절 테니스 선수로 크게 활약했다. 그 당시 그의 야망은 대학별 경기에서 테니스 챔피언이 되어 학교 진열장에 '제임스 돕슨'이라고 새겨진 트로피를 몇 개 세워놓는 것이었다. 자기 이름이 그 학교에 영원히 기억되기를 바랐다.

그런데 대학교를 졸업한 뒤 몇 년 후, 어떤 사람이 자신의 트로피를 소포로 보내주었다. 그 소포에는 이런 편지가 들어 있었다. "내가 쓰레기장 옆을 지나가다 보니 트로피가 하나 있어서 우연히 꺼내 보았습니다. 그랬더니 당신의 이름이 적혀 있더군요. 그래서 너무 아까운 것 같아 당신에게 소포로 부칩니다. 학교가 재건축을 하면서 당신 트로피를 전부 다 쓰레기통에 집어넣었던 것 같습니다."

그 편지를 읽고 나서 제임스 돕슨 목사님은 이런 말을 했다. "얼마간의 시간이 흐르면 당신 삶의 모든 트로피는 누군가에 의해 버려지게 될 것입니다." 세월이 가면 박수갈채는 사라지고

상은 변색되고 업적은 기억에서 사라지게 된다. 이것이 우리 인생이다.

세상 것에 집착하는 인생은 허무로 끝이 난다. 모든 것이 허무하지만 허무하지 않은 것이 있다. 그것은 주의 일이다(고전 15:58). 그러므로 쓸 데 없는 세상 명예를 좇지 말고 영원한 하나님 나라를 바라보면서 헛되지 않은 주의 일에 전념해야 한다.

집에 가야
할 것 같아요

　사랑이 있는 마을에 머물고 있는 최 목사님이 "집에 가야 할 것 같아요."라고 말했다. 최 목사님은 5개월 동안 사랑이 있는 마을에서 요양하며 지냈다. 겨울이 다가와도 내려가지 않던 목사님이 갑자기 가야겠다고 해서 이유가 궁금했다.

　최 목사님에게는 88세 되는 어머니가 계셨다. 그런데 그 어머니가 아들이 돌아오면 집안이 썰렁할까봐서 항상 집안을 따뜻하게 해 놓고 기다리고 있다는 것이었다. 아들이 돌아오기를 기다리는 어머니 때문에 집에 가야겠다는 것이었다.

　최 목사님의 이야기를 듣고 우리를 기다리시는 하나님을 생각했다. 하나님은 우리를 기다리고 계신다. 항상 문 열어 놓고 돌아오기를 기다리신다. 아들을 십자가에 못 박으시고 구원의 길을 여신 하나님은 오늘도 죄인들을 향하여 문을 넓게 열어 두고 돌아오기를 오래 참고 기다리신다. 인간의 행위가 패괴의 극치를 달릴 때에도 벌하시기 전에 기회를 주시고 기다리신다.

수많은 불경건한 사람들이 주의 재림을 비롯하여 지구의 종말, 하나님의 심판 등을 비웃고 조롱할지라도 묵묵히 기다리신다. 죄인들의 회개를 원하시기 때문이다(벧후 3:9). 하나님은 모든 사람이 구원을 받으며 진리를 아는 데 이르기를 원하신다(딤전 2:4). 교회는 누구도 포기해서는 안 된다. 하나님께서 포기하지 않고 기다리시는 한, 희망을 가지고 일해야 한다.

새뮤엘 모리슨이라는 선교사가 아프리카에서 25년 간 사역하고 임종을 맞이하기 위해 미국의 고향집으로 돌아가던 중이었다. 그런데 우연히 사냥 여행을 하고 돌아가던 루스벨트 대통령과 같은 배를 타게 되었다. 배가 뉴욕항구에 들어섰을 때, 선창은 뉴욕 시민들이 모두 나와 있기라도 하듯 사람들로 북적였다.

깃발들이 나부끼고 오색 풍선들이 하늘을 떠다니는 가운데 악단의 연주 소리에 맞춰 어린이 합창단이 노래를 부르고 있었다. 곳곳에서 카메라 플래시가 번쩍였고, 대통령의 귀환을 촬영하기 위해 뉴스를 찍는 카메라들이 여러 대 자리 잡고 있었다. 루스벨트 대통령은 사람들의 환호와 갈채, 화려한 색종이 세례 속에 천천히 배에서 걸어 나왔다. 대통령이 습격당할 것을 대비하기 위해 경찰관들이 밧줄을 쳐놓고 사람들이 넘어오지 못하도록 지키고 있었다.

새뮤얼 모리슨도 조용히 배에서 내렸다. 그를 맞이하러 나온 사람은 아무도 없었다. 홀로 군중 사이를 비집고 빠져나와 택시를 잡으려 했으나 혼잡스러운 탓에 어찌할 도리가 없었다. 그는 마음속으로 불평하기 시작했다. "주님, 대통령은 기껏 동물을 잡으며 아프리카에서 3주 동안 머물렀을 뿐인데 이 모든 사람들이 그를 환영하기 위해 몰려들었습니다. 저는 주님께 봉사하며 제 인생 가운데 25년을 아프리카에서 보냈지만 아무도 저를 반겨주지 않고 인사를 건네기는커녕 제가 이곳에 있다는 사실조차 모릅니다." 그러자 그의 마음속 조용한 곳으로부터 사랑 넘치는 소리가 부드럽게 들려왔다. "하지만 애야, 너는 아직 집에 돌아오지 않았잖니!"

주님은 우리를 위하여 거처를 예비하러 가셨다. 그리고 우리를 기다리신다. "내가 너희를 위하여 처소를 예비하러 가노니 가서 너희를 위하여 거처를 예비하면 내가 다시 와서 너희를 내게로 영접하여 나 있는 곳에 너희도 있게 하리라."(요 14:2-3).

우리가 가야 할 집은 어디일까? 아름답고 찬란한 하늘나라, 주님께서 계시는 천국이다. 주님은 환영 준비를 마치고 면류관을 가지고 우리가 받은 사명을 완수하고 본향으로 돌아오기를 기다리고 계신다. 주님을 만날 그날을 소망하면서 우리는 선한 싸움을 싸우고 달려 갈 길을 달리고 믿음을 지켜야 한다.

여행의
성공

　우리나라 국민이 해외여행을 통해 지출한 비용이 해마다 사상 최대 기록을 경신하고 있다. 잘 살게 되면서 여름휴가나 명절 연휴 등을 이용해 해외여행을 떠나는 일이 보편화하고 있기 때문이다. 여행을 다녀보면 어느 곳을 가느냐보다는 누구와 함께 가느냐가 중요한 것을 느끼게 된다. 인생길을 걸으며 가장 행복한 순간은 좋은 사람과 동행하는 때이다. 좋은 동반자를 만나면 여행은 더욱 행복해진다.

　영국의 한 광고회사가 큰 상을 내걸고 전 국민을 대상으로 스코틀랜드의 에든버러에서 런던까지 가장 빠른 시간에 갈 수 있는 방법을 묻는 퀴즈를 냈다. 워낙 상품이 컸기 때문에 많은 사람이 응모했다. 비행기가 가장 빠르다느니, 가차를 타고 오다가 어느 지점에서 버스를 갈아타는 것이 가장 빠른 방법이라느니, 새벽에 지름길로 승용차를 운전하고 오면 가장 빠르다느니 등 사람들은 여러 가지 방법을 생각해내고 실제 시간을 재어보면서 서로 자기의 아이디어가 가장 빠르게 가는 방법이라고 주장했다.

그런데 의외로 상을 탄 사람의 답은 사랑하는 사람과 함께 간다는 것이었다. 사랑하는 사람과 함께라면 아무리 먼 길이라도 무척 가깝게 느껴진다. 먼 길을 가장 빨리 가는 방법은 좋은 동반자와 함께 가는 것이다. 그래서 여행은 마음에 맞는 사람과 함께 해야 한다. 그래야 여행이 즐겁다.

사랑하는 사람과 다닌 곳은 잊지 못한다. 그곳에 대한 생생하고 아름다운 추억이 삶을 행복하게 한다. 사랑하는 사람이 세상을 떠났어도 그곳에서의 대화, 나눈 음식, 풍경에 대한 기억이 위로가 된다. 좋은 사람과 같이 동행하면 사물이 달리 보인다. 무엇을 보든 누구를 만나든 즐겁다. 별것이 아닌데도 좋은 사람과 함께 있다는 이유로 특별해진다.

사람들은 누구나 좋은 동반자를 원하지만 뜻대로 되지 않는다. 좋은 동반자를 만나는 비결은 내가 먼저 좋은 동반자가 되어주는 것이다. 좋은 동반자의 조건은 공감이다. 공감은 언제 무슨 일을 만나도 기꺼이 상대방의 입장에 서서 이해하고 묵묵히 그의 곁에서 함께하는 것이다.

사람들은 더 넓은 세상을 경험하고, 더 큰 삶을 살아보고자 여행을 떠난다. 험하고 먼 여행을 떠날 때 사람들은 성공을 기원한다. 여행의 성공은 낯선 곳에서 새로운 좋은 경험들을 많이 하고 출발지로 돌아오는 것이다.

우리 인생도 여행이라고 할 수 있다. 출발한 곳으로 잘 돌아가야 한다. 우리 인생이 여행이라면 출발지는 어디며 돌아갈 곳은 어디일까? 사람들은 어디에서 와서 어디로 가는지 모르고 산다. 그래서 어떤 철학자는 우리 인간을 가리켜 '던져진 존재'라고 했다.

그러나 우리가 이 세상에 태어난 것은 어쩌다 던져진 것이 아니다. 하나님은 우리가 이 세상에 태어나기에 앞서 예정하시고, 섭리 가운데 부모를 결정하시고, 그들을 통해 생명을 얻게 하시며 인생의 사계절을 살게 하시다가 다시 부르신다.

전도서를 보면 "다 흙으로 말미암았으므로 다 흙으로 돌아가나니 한 곳으로 가거니와 인생들의 혼은 위로 올라가고 짐승의 혼은 아래 곧 땅으로 내려가는 줄을 누가 알랴."(전 3:20-21)라고 말씀하고 있다. 우리는 하나님에게서 왔고 하나님에게로 돌아간다. 그런데 돌아가는 길은 하나 밖에 없다. 그 길은 예수 그리스도다(요 14:6). 웰빙도 중요하지만 웰다잉은 더욱 중요하다. 영원한 본향으로 귀향할 수 있어야 한다.

바울은 "우리의 시민권은 하늘에 있는지라."(빌 3:20)라고 했다. 믿음의 조상 아브라함은 영원한 본향을 바라보고 이 땅에서는 장막을 치고 살았다. 본향을 사모했기 때문이다(히 11:10). 인생 여행의 성공을 위해서 우리가 돌아가야 할 영원한 본향을 한시도 잊지 말아야 한다.

하나님이 정하신 길

한의학을 전공한 박○○ 의료 선교사와 함께 침술 사역을 하면서 신기한 일들을 많이 경험하고 있다. 동양과 서양의 사물관이 다른 것처럼 동양과 서양의 의학도 몸을 바라보는 시선이 서로 다르다. 서양의학에서는 병이 발생한 고정된 위치를 찾는 것이 가장 중요하다. 하지만 한의학에서는 모든 병이 기(氣)의 흐름이 잘못되어 발생하는 것으로 보기 때문에 기의 흐름을 원활하게 함으로써 몸을 치료한다. 서양의학은 현미경처럼 좁게 병변(病變)만을 주목하지만 한의학에서는 망원경처럼 넓게 몸 전체를 살핀다. 인간의 몸을 부속품처럼 하나하나 따로 보지 않고, 몸 전체를 하나로 본다.

이 세상 자연 만물은 하나님께서 만드셨다. 인간 역시 자연의 일부로서 하나님의 피조물이다. 하나님은 우주와 자연 만물을 창조하셨을 뿐 아니라 통치하신다. 그래서 자연에는 하나님이 정하신 법칙이 있고, 모든 피조물 하나님의 설계도에 의해서 살아가야 한다.

그런데 사람들이 욕심을 부려 하나님이 정해 놓으신 질서와 법칙, 조화와 균형을 깨뜨렸다. 그 결과 지구가 몸살을 앓고 있다. 사람의 몸도 조화와 균형이 중요하다. 건강은 조화와 균형이 유지되고 있는 상태이고, 병은 조화와 균형이 무너진 상태다. 암은 몸의 조화가 깨어진 결과이다. 우리 몸의 정상 세포는 일정 기간이 지나면 죽도록 설계되었다. 그러나 암 세포는 DNA에 변이가 생겨 계속 분열 증식하는 불사세포이다. 죽어야 할 때 죽지 않는 것이 문제이다.

보이는 것이 전부가 아니듯이 이 세상에서의 삶도 전부가 아니다. 하나님은 우리의 죽음 이후의 길도 정해 놓으셨다. 길 되시는 예수 그리스도를 따라가면 죽음 이후 부활이 있고, 영원한 하늘나라가 있고, 그곳에서의 영생복락이 있다.

우리는 날마다 길을 간다. 오르막길도 있고 내리막길도 있다. 넓은 길도 있고 좁은 길도 있다. 평탄한 길도 있고 험한 길도 있다. 어떤 길을 가든지 목적지는 정해져 있다. 우리 인생길의 최종 목적지는 죽음이다. 누구든지 결국에는 죽음이라는 종착점에 이르게 된다.

사람들이 걷는 길은 다양하지만 그 모든 길은 두 가지로 구분된다. 하나는 생명의 길이고, 또 하나는 사망의 길이다. 사람들이 생각하는 좋은 길은 넓고, 평탄하고, 든든한 길이다. 그러나 좁은 길이 생명의 길이다. 이 길은 예수님으로 말미암아 열려진 길이다. 예수님이 열어 놓으신 이 길은 새롭고 산길이다. "그 길은 우리를 위하여 휘장 가운데로 열어 놓으신 새로운 살 길이요 휘장은 곧 그의 육체라."(히 10:20). 예수님은 이 길을 십자가에서 열어 놓으셨다.

그리스도인들에게는 정해진 길이 있다. 그 길은 예수님이 걸어가신 길이다. 그 길은 좁은 길이고, 고난의 길이다. 그러나 그 길은 영광의 길이요, 새로운 살 길이다. 육신의 눈으로 볼 때 넓은 길이 평탄하고 든든한 길 같지만 사실은 좁은 길이 평탄하고 든든한 길이다. 그 길에 하나님께서 함께 하시기 때문이다.

하나님은 우리가 물 가운데와 불 가운데를 지날 때도 함께 하신다. "네가 물 가운데로 지날 때에 내가 너와 함께 할 것이라 강을 건널 때에 물이 너를 침몰하지 못할 것이며 네가 불 가운데로 지날 때에 타지도 아니할 것이요 불꽃이 너를 사르지도 못하리니"(시 43:2-3)라고 했다. 하나님은 우리가 불을 통과하고, 물을 통과하고, 고난의 십자가의 길을 지날 때에 우리들보다 앞서 행하신다.

이러한 하나님의 은혜를 경험한 시인은 "우리가 불과 물을 통과하였더니 주께서 우리를 끌어 내사 풍부한 곳에 들이셨나이다."(시 66:12)라고 즐거이 노래했다. 그러므로 눈에 보이는 환경을 보고 두려워하지 말고 하나님을 바라보며 하나님이 인도하시는 길로 발걸음을 옮길 수 있어야 한다.

아무리 인생길이 험할지라도 예수님과 함께 하는 길은 구원의 길이고, 영생의 길이며 하나님 아버지에게로 나아가는 길이다. 여기저기서 새로운 길이 생겼다고 외칠지라도 한 눈 팔지말고 예수님으로 말미암아 정해진 길, 오직 한 길로 걸어가야한다.

모든 사람이
가는 길

　유난히 추웠던 겨울이 지나고 새봄이 찾아왔다. 골짜기의 얼음이 녹고 시냇물이 힘차게 흐르고 있다. 물줄기가 커지면서 웅장해진 폭포소리는 가슴을 시원하게 한다. 아무리 추워도 봄은 기어이 찾아온다. 이것이 자연의 법칙이다. 자연의 법칙은 누구도 거스를 수 없다.

　우리는 자연의 일부이다. 그렇기 때문에 우리는 자연의 법칙 속에서 산다. 모든 자연은 생성과 성장 그리고 소멸의 길을 간다. 우리 인간도 생로병사의 길을 간다. 생로병사는 우리 인간에게 주어진 삶의 법칙이다. 누구나 늙게 되어 있고 병들어 고생하다가 결국에는 죽게 되는 것이 인간의 운명이다.

사람들은 인생길을 나그네 길이라고 노래한다. 우리는 길 가는 나그네이다. 우리가 이 세상을 사는 동안 어떤 길을 걸었든 마지막에 가게 되는 길은 동일하다. 그 길은 죽음의 길이다. 그 길을 거부하는 사람은 인생을 추하게 마감하게 되지만 기꺼이 가야 할 길을 가는 사람은 인생을 아름답게 마감하게 된다.

다윗 왕은 임종을 앞두고 "내가 이제 모든 사람들이 가는 길로 가게 되었노니 너는 힘써 대장부가 되고"(왕상 2:2)라고 말했다. 다윗이 모든 사람들이 가는 길로 가게 되었다고 한 말은 세상의 모든 사람이 죽는다는 것이다. 누구도 예외 없이 죽음의 문턱을 넘어야 한다는 것이다. 천한 자도 가야하고, 부한 자도 가야하고, 왕이라도 가야 한다. 왕으로서 절대 권력을 가지고 천하를 호령했다 하더라도 죽음의 길을 피할 수가 없다. 다윗은 죽음을 거부하지 않았다. 모든 사람들이 가는 길이라고 당연하게 받아들였다. 그래서 다윗은 마지막을 아름답게 마감했다.

아인슈타인은 76세이던 어느 날 복부 동맥이 터지면서 갑자기 쓰러졌다. 최고의 의사들이 긴급히 달려와서 수술을 하려고 했지만 아인슈타인은 단호히 거절했다. "제가 가고 싶을 때 가고 싶습니다. 인위적으로 생명을 연장하고 싶지 않습니다. 제 몫을 살았고, 갈 때가 됐으니 조용히 가고 싶습니다." 수술만 하면 더 충분히 살 수 있었는데도 불구하고 거부한 것이다. 또한 아인슈타인이 남긴 유언도 이례적이었다. "시신을 화장해서 연구실 주변에 뿌릴 것, 묘지나 묘비는 절대 만들지 말 것, 장례식을 치르지 말 것, 두뇌는 제거해서 과학발전에 이용할 것"이었다. 우리도 인생을 마감할 때 남은 자들에게 좋은 추억을 남겨야 한다. 미리 죽음을 연습하면 아름다운 이별을 할 수 있고 죽음을 선물로 남길 수 있다.

사람들은 죽음의 길은 인생길의 끝이고, 더 이상 길이 없다고 생각한다. 그러나 하나님 안에서는 끝이 아니고 새로운 시작이다. 육신적으로는 끝이지만 영적으로는 끝이 아니다. 믿음의 사람들에게 죽음의 길은 영원한 생명의 길로 연결되어 있다. 요한계시록을 보면 우리가 죽음의 길을 지나고 나서 걷게 될 천국 길이 어떠한지 보여주고 있다. "성의 길은 맑은 유리 같은 정금이더라."(계 21:21). 예수님은 "내가 길이요."라고 말씀하셨는데 우리가 그 길을 걸으면 죽음의 길을 지나 천국에서 정금 길을 거닐게 된다.

예수님은 말씀하셨다. "나는 부활이요 생명이니 나를 믿는 자는 죽어도 살겠고 무릇 살아서 나를 믿는 자는 영원히 죽지 아니하리니 이것을 네가 믿느냐."(요 11:25-26). 부활의 주 예수 그리스도를 믿는 사람은 죽어도 살고 영원히 산다. 그리스도인에게 죽음은 영원한 새 생명을 얻는 과정에 불과하다. 사람들은 죽은 자들에게 옛 사람이 되었다는 뜻으로 이름 앞에 ‘고(故)’자를 붙인다. 그러나 그리스도인은 옛 사람이 아니다. 여전히 살아있기 때문이다. 그래서 장례식 순서지에 앞으로는 ‘고’자를 사용하지 말라고 했다.

새봄과 함께 부활절이 다가오고 있다. 봄은 우리에게 부활의 신비를 가르쳐 주고 있다. 부활이 있기에 죽음은 결코 끝이 아니다. 그리스도를 내 안에 모신 사람은 영원한 생명을 가지고, 영원한 하나님의 나라에서 살 것을 소망하기 때문에 두려움 없이 대장부처럼 담대하게 인생길을 갈 수 있어야 한다.

걸어야 할 정금 길

새봄을 맞아 요즘 온통 세상은 꽃 잔치로 들떠 있다. 어디를 가든지 꽃들이 만발하고, 꽃잎이 흩날리는 꽃길을 걷다보면 꿈속을 헤매듯이 황홀해진다. 그러나 아쉽게도 꽃 잔치는 잠깐이다. 꽃은 시들고 떨어진다. 언제나 꽃길을 걸을 수 있는 것이 아니다.

우리 인생에도 봄 꽃 잔치가 벌어질 때와 같이 좋은 때가 있다. 그러나 역시 잠깐이다. 언제나 꽃길을 걷고 싶지만 우리 인생길은 꽃길이 아니다. 바람 부는 들판을 지날 때도 있고, 가시밭길을 헤치고 가야 할 때도 있다. 위험한 강을 건널 때도 있고,

험하고 높은 산을 넘어야 할 때도 있다. 이 세상길은 혼자 가기에는 너무나도 험하고 힘든 길이다.

그러나 아무리 험한 길이라도 사랑하는 사람과 함께 가면 얼마든지 갈 수 있다. 신혼부부에게는 여러 모로 부족한 것이 많다. 그러나 서로 사랑하기 때문에 사랑으로 모든 부족함을 극복한다. 사랑의 속삭임이 있으면 아무리 어려운 길도 두려움 없이 걸어갈 수 있다.

그리스도인은 신앙 때문에 더 많은 어려움을 겪을 수 있다. 바울은 "우리가 하나님의 나라에 들어가려면 많은 환난을 겪어야 할 것이라."(행 14:22)라고 했다. 그러나 바울은 하나님의 사랑과 하나님의 함께하심을 믿었기 때문에 두려워하지 않았다.

하나님은 우리에게 "나는 너를 사랑한다."라고 말씀하신다. 그 사랑의 증거는 우리를 위해 독생자를 십자가에 내어 주신 것이다. 주님과 함께하면 동행의 기쁨이 있고, 주님과 손을 잡고 걸으면 위로가 있다. 우리가 걷는 길이 가시밭길이어도 우리 주님께서 함께하시면 기꺼이 걸을 수 있고, 앞을 볼 수 없는 캄캄한 길이어도 두려움 없이 걸을 수 있다.

다니엘의 세 친구는 우상 숭배를 거절하다가 풀무불에 던져졌다. 다니엘의 세 친구가 믿음의 정도를 걷자 하나님께서는 자기의 거룩한 자녀들이 불 속에 던져졌을 때 그 불꽃 가운데서도 함께하셨고 머리털 하나 상치 않게 하셨다. 다니엘이 예루살렘을 향하여 하루 세 번 기도하다가 다른 신하들의 고발로 사자굴 속에 던져졌을 때에도 하나님께서는 사자굴 속의 다니엘과 함께하셔서 사자들의 입을 막아주셨고, 아무 해를 당하지 않게 하셨다.

다윗은 "내가 사망의 음침한 골짜기로 다닐지라도 해를 두려워하지 않을 것은 주께서 나와 함께하심이라 주의 지팡이와 막대기가 나를 안위하시나이다."(시 23:4)라고 고백했다. 풀무불에 던져질지라도, 사자굴 속에서도, 그리고 사망의 음침한 골짜기 가운데서도 하나님이 함께하시면 아무 문제가 없다.

우리의 성공과 실패는 전적으로 주님과의 동행 여부에 달려 있다. 우리가 볼 때 아무리 불가능해 보여도 하나님이 동행하시면 성공하게 되는 것이고, 아무리 가능해보여도 하나님이 동행하시지 않으면 실패하고 만다.

이런 천국 유머가 있다. 어떤 갑부가 재산을 두고 가자니 너무 아까웠다. 그래서 하나님께 자기 재산을 천국으로 가져가겠다고 졸랐다. 하나님은 처음에는 안 된다고 하셨지만, 끈질기게 졸라대는 통에 마지못해 허락하셨다. "그러나 한 가지 조건이 있다. 천국에 올 때 네 재산을 가져와도 되지만, 가방 하나에만 담아 와야 한다." 부자는 재산을 모두 팔아 금으로 바꾼 뒤 흐뭇

해했다. "이렇게 할 줄이야 하나님께서 미처 모르셨겠지!"

천국 문에 이르자 베드로가 소지품은 가지고 들어갈 수 없다고 말했다. 부자가 하나님께 허락을 받았다고 하자 베드로는 가방에 무엇이 들었는지 보자고 했다. 가방을 열어 본 베드로는 깜짝 놀라 말했다. "아니~ 도로포장 재료는 무엇 하러 이렇게 잔뜩 가져오셨습니까?"

천국은 각종 건축물이 황금 보석으로 만들어졌고, 길은 정금으로 되어 있다. "그 열두 문은 열두 진주니 문마다 한 진주요 성의 길은 맑은 유리 같은 정금이더라."(계 21:21). 험난한 인생길을 모두 다 걷고 나서 우리가 마지막으로 걷게 될 길은 하늘나라의 정금 길이다. 그 정금 길을 주님과 함께 거닐게 될 것을 상상해 보라. 그 소망을 가지고 우리는 오래 참고 견뎌야 한다.

천국이 좋은데
왜 우세요

사랑이 있는 마을에서 조금 떨어진 을수골에서 살던 H 성도가 있었다. 그녀는 한 때 패션모델을 하면서 의욕적으로 인생을 살았고, 가정을 이루고 행복하게 살았다. 그런데 암으로 인해 3개월 시한부 인생이 되자 모든 것을 정리하고 을수골로 들어와 살았다. 그러면서 건강이 호전되어 7년을 더 살았고, 사랑이 있는 마을을 드나들며 2년 동안 예배 중 설교를 하기도 했다. 그녀는 신앙으로 살려고 노력했고, 나에게 "주님 한 분 만으로 만족한다."라는 믿음의 고백을 하기도 했다.

H 성도는 나와 교제하는 것을 좋아했다. 얼마 전 그와 나눈 문자를 보면 그의 진실함이 느껴진다. "목사님이랑 식구들이랑 애

기하면 넘 즐거워요. 저녁 맛있게 드세요~." 갑자기 건강 상태가 나빠졌을 때 "예수님 믿고 살았던 세월들이 제일 행복했다."라고 했다. 7년 동안 그녀는 믿음으로 버티며 살았다. 그러다가 너무 아프게 되자 "이제는 안 아프고 싶다."라면서 주변을 정리했다.

수요일 예배를 드리고 호흡이 곤란해지면서 토요일에 숨을 거두었다. H 성도는 '나의 갈 길 다 가도록' 찬송을 좋아했다. 찬송 가사처럼 어려운 일을 당했지만 족한 은혜를 주서서 7년 이라는 세월을 덤으로 살았다. 얼마 전 명계리에 사시던 이금수 할머니의 장례로 인해 바빴었는데, 또 다시 H 성도의 장례로 인해 며칠 동안 바쁜 시간을 보냈다.

나는 목회자로서 할 일을 하는 것이지만 악기반이나 장례 팀 원들은 자신들의 생활이 있기 때문에 계속되는 장례에 참여하는 것이 힘들었다. 하지만 그들의 천국 환송식을 위해 기꺼이 참여해 주었다. 토요일에 사랑이 있는 마을에 올라갔다가 주일 예배를 위해 다시 일산으로 돌아왔고, 예배 후 다시 장례를 위해 사랑이 있는 마을로 올라갔다. 검소하게 평소에 입던 옷을 입히고 관 하나를 사다가 장례를 치렀다. 7년 동안 을수골 골짜 기에 살았지만 장례식에 많은 분들이 참석했다. 장례식에 참석 하는 것을 중요하게 생각하는 우리 문화를 확인할 수 있었다.

43세의 나이로 친정어머니와 남편, 중학교 2학년 아들을 남겨두고 세상을 떠났기 때문에 장례식에 참석한 사람들에게 커다란 안타까움을 안겨주었다. 하지만 은혜로운 장례예배로 인해 H 성도의 사촌언니와 형부가 결신을 했다. 일찍 남편을 잃고 딸 하나만을 바라보며 살았던 H 성도의 어머니의 슬픔은 주변 사람들을 안타깝게 했다. 그런데 중학교 2학년인 손자가 외할머니에게 뜻밖의 말을 했다. "천국이 좋은데 왜 우세요?" 외할머니는 외손자의 말에 가슴이 뜨끔했다고 한다.

생명(生命)은 '살라는 하나님의 명령'이다. 우리는 하나님이 부르시는 그날까지 살기 위해 애쓰고 노력해야 한다. 그러나 중병을 통해서 하나님이 부르시면 가족들과 이 세상일은 하나님께 맡기고 미련 없이 떠날 수 있어야 하고, 우리는 하나님의 부르심을 받아들이고 다시 만날 날을 기약하며 보낼 수 있어야 한다.

영국 회중교회의 조셉 파커 목사는 사모가 먼저 세상을 떠났을 때 장례를 치르면서 묘비를 만드는 사람에게 사망일자 밑에 사망이라는 말 대신 '승천하다'라는 단어를 새겨 넣도록 했다. 그럴 수 있었던 이유는 무엇이었을까? 죽음으로 모든 것이 끝장나는 것이 아니라 죽음 뒤에 영광스러운 부활이 있음을 믿었기 때문이었다.

2009년에 빌리 그래함 목사님이 소천하셨는데 죽기 전에 이런 말을 했다. "오늘 신문에서 내가 죽었다는 소식이 들린다면 믿지 마십시오. 나는 죽은 것이 아닙니다. 다른 나라로 옮겨 간 것뿐입니다." H 성도 역시 이 땅에서 하늘나라로 이사했을 뿐이다. 그러므로 너무 슬퍼하지 말고 서로 위로하면서 남아 있는 사람들은 마음을 추스르고 하나님의 인도하심을 받아야 한다.

　사람들은 가끔씩 드넓은 바다, 망망대해 위를 배를 타고 항해
하는 멋진 장면을 상상한다. 많은 사람들에게 바다는 낭만을 연
상하게 하는 곳이다. 그래서 사람들은 바닷가 도시로 여행을 가
면 배를 타고 낭만을 즐기고 싶어 한다.

　하지만 그 멋지고 낭만적인 항해는 폭풍을 만나지 않는다는
전제 하에서만 가능하다. 아무리 멋진 항해, 낭만적인 여행도
폭풍을 만나면 한 순간 다 깨지고 만다. 바다는 사람들이 단순
히 생각하는 것처럼 멋지고 낭만이 있는 곳이 아니다.

　바다에는 언제나 크고 작은 파도가 있고 때때로 무서운 폭풍
이 일어난다. 파도가 없다면 바다가 아니다. 항해는 평탄하지

않다. 시편 107편을 보면 폭풍을 만난 상황을 묘사하고 있다. "그들이 하늘로 솟구쳤다가 깊은 곳으로 내려가나니 그 위험 때문에 그들의 영혼이 녹는도다 그들이 이리저리 구르며 취한 자 같이 비틀거리니 그들의 모든 지각이 혼돈 속에 빠지는도다." (26-27절)라고 하였다.

집채만 한 파도가 배를 때리면 배는 마치 장난감처럼 하늘 높이 솟구쳤다가 곧바로 수직 낙하한다. 배 안으로 물은 쏟아져 들어오고 돛대는 부러지고 노를 아무리 저어도 소용이 없다. 이렇게 목숨 걸고 폭풍과 싸우다가 벗어나면 다행이지만 수많은 배들이 그 폭풍을 견디지 못하고 뒤집어지거나 바다 속 깊이 영원히 침몰하고 말았다.

그래서 뱃사람들이나 어부들에게 '항해'라는 낱말은 결코 낭만적인 말이 아니다. 그들에게 바다는 죽느냐 사느냐의 생존의 현장이다. 항해는 파도를 각오해야 한다. 풍랑이 무섭다고 배를 선착장에만 정박시키고 있다면 어찌 그 배를 배라고 말할 수 있겠는가? 배가 항구를 떠나 출항한다는 것은 폭풍과 파도를 만나야 하는 것을 의미한다.

우리 인생의 항해에도 고난의 파도가 있다. 파랑과 너울은 바다의 민낯이다. 고난이 없는 인생은 없다. 크기와 횟수는 다르겠지만 누구나 인생의 바다를 항해하다보면 폭풍과 거친 파도를 경험하게 되어 있다. 우리가 지금 살아있는 것은 다행히 그 폭풍을 이겨내고 헤쳐 나왔기 때문이다.

아무리 큰 배라 할지라도 태풍이 불어오면 망망대해에 떠있는 배는 속수무책일 수밖에 없다. 우리 인생의 바다에 파도가 치고 풍랑이 일어날 때 우리는 어떻게 해야 할까? 하나님은 모든 피조물을 다스리신다. 그러므로 풍랑을 주관하시는 하나님께 기도해야 한다.

우리가 즐겨 부르는 찬송가 중 305장 '나 같은 죄인 살리신(Amazing Grace)'은 존 뉴턴이 작사한 것이다. 존 뉴턴은 7살 때 어머니를 잃고, 10살 때 배를 탔다. 18살 때 영국 해군이 되어 전함을 타게 되었다. 그 후 그는 노예선에서 근무하며 당시 성행하던 노예 매매업에 종사하게 되었다.

한 번은 바다에서 큰 풍랑을 만나 죽을 상황이 되었다. 모두들 살겠다고 밤새도록 물을 퍼내고 아우성을 치는 중에 저 멀리서 집채만 한 파도가 몰려왔다. 순간 뉴턴의 입에서는 "주여 제발 살려 주소서!"라는 기도가 나왔다. 그는 지난날의 잘못을 회개했다. 그러자 신기하게도 파도가 점차 약해지더니 이내 잔잔한 물결로 바뀌었다. 그리고 지나가던 다른 배를 통해 구조되었다. 이후 존 뉴턴은 노예 매매업을 집어치우고 예수 그리스도를 믿고 새사람이 되었다.

우리 인생은 항해이다. 그러나 끝이 없는 항해는 아니다. 경우에 따라 짧게 끝나는 항해일 수 있고 길고 긴 항해일 수도 있다. 그러나 분명한 사실은 아무리 길고 긴 항해라도 그 항해의 끝은 있다는 것이다. 우리의 인생 항해가 끝나고 도착하게 될 항구는 어디일까? 하늘 항구이다. 그곳에서 주님이 우리를 기다리고 계신다. 영혼의 닻이 하늘에 닿아 있다면 그 뱃길은 이미 정해진 것이다. 우리에게는 가야할 분명한 길이 있다. 그 길을 향해 돛을 펼쳐야 한다. 컴컴한 새벽이 물러가고 마침내 해가 찬란하게 떠오른다.

하늘 항구

영혼의 닻이 하늘에 닿아 있다면

그 뱃길은 이미 정해진 것이다

가야 할 길

가야 할 길

돛을 펼쳐라

파도가 없다면야 바다가 아니다

고난의 파랑(波浪) 고통의 너울

바다의 민낯임을

그대 모르랴

진눈깨비 날리고

바람 드센데

'당신'이라는 뱃전에

곱은 손으로 걸어놓는 소망의 등불

꺼져가는 심지에 눈물기름을 채워

언 등피를 문지르는 컴컴한 새벽, 핏빛

장막을 찢고

해는 떠 오른다

영혼의 닻이 하늘에 닿아 있다면

그 뱃길은 벌써 정해진 것이다

항해의 끝은

있다!

* 파랑 : 큰 물결, 작은 물결
* 너울 : 바다의 사나운 큰 물결

하늘의 사람, 땅의 사람

　미국 오페라계에 힐리니 할버튼이라고 하는 유명한 가수가 있었다. 어느 날 자기 아들이 이웃집 아이와 놀면서 주고받는 대화를 집 안에서 살짝 엿듣게 되었다. 이웃 아이가 힐리니 할버튼의 아들을 보고 "우리 아버지는 시장을 잘 아신다."라고 자랑을 했다. 그러나 그 말을 들은 자기 아들이 "우리 아버지는 하나님을 잘 아신다."라고 대꾸를 하는 것이었다.

　아들의 대답을 듣는 순간 그의 눈에서 눈물이 쏟아지기 시작했다. 하나님을 잘 아는 자기의 아빠를 떳떳하게 자랑하는 아들의 모습이 너무나 자랑스럽고 감격스러워서 울었다. 힐리니 할버튼은 쏟아지는 눈물을 참지 못해 서재로 달려 들어가서 실컷

울었다고 한다.

우리는 누구인가? 하나님의 자녀이다. 그러면 우리는 얼마나 하나님 아버지를 자랑하며 살고 있는가? 하나님이 우리 아버지라는 사실 때문에 얼마나 감격하고 있는가? 하늘의 사람이었던 바울은 모든 것이 은혜이니 자랑하려면 주 안에서 자랑하라고 했고(고전 1:31), 자신의 자랑거리는 십자가밖에 없다고 했고 (갈 6:14), 로마 시민권보다 하늘 시민권을 더 자랑스럽게 여겼다(빌 3:20).

하늘의 사람과 땅의 사람은 무엇을 가지고 자랑하느냐를 보면 알 수 있다. 유럽에 가보면 중세 시대에 세운 고딕 양식의 웅장한 성당 건물들이 하늘을 찌를 듯 서 있다. 중세 시대는 영적으로 암흑기였다. 하나님의 역사가 나타나지 않았다. 왜 그랬을까? 교황이나 교회 지도자들이 주님을 닮아가는 영성을 추구하기 보다는 자신들이 세운 건물의 규모를 가지고 자랑하고 세상으로부터 인정받으려고 했기 때문이었다. 지금도 교회 건물을 가지고 목회를 성공한 것처럼 자랑하는 목회자들이 많다. 심지어 라이벌 관계에 있는 목회자가 교회 건물을 크게 지으면 그것보다 조금 더 크게 짓고, 그것을 자랑거리라고 간증까지 하고 다닌다. 현대 교회가 과거 중세 교회의 실수를 따라하고 있다는 것은 불행한 일이 아닐 수 없다.

성경적 관점으로 보면 사람은 크게 하늘의 사람과 땅의 사람으로 구분된다. 하늘의 사람과 땅의 사람은 무엇으로 확인할 수 있을까? 평소에 무슨 말을 주로 하는지 보면 알 수 있다. 사람들은 말하는 것을 좋아한다. 그런데 대화의 주제가 예수, 복음, 천국, 죽음, 구원 등 영적인 것이면 할 말이 없어 입을 다물고, 이야기가 계속 진행되면 재미를 느끼지 못해 슬그머니 자리를 뜬다.

또한 하늘의 사람과 땅의 사람은 무엇을 보고 부러워하느냐에 의해서도 분별된다. 땅의 사람은 이 땅의 것에 소망을 두고 있기 때문에 땅의 것을 보고 부러워한다. 그러나 하늘의 사람은 이 땅의 것이 아무리 좋아도 길 가는 나그네와 같이 그러려니 하고 지나가고, 하나님의 것으로 기뻐하며 즐거워한다. 세상 사람은 끝없는 욕심에 따라 유한하고 썩어질 것을 구하지만, 하나님의 사람은 하나님의 나라와 그의 의를 구한다.

그리고 하늘의 사람과 땅의 사람은 마지막 모습에서 분별된다. 누구나 생로병사의 길을 간다. 죽음은 누구도 거부하지 못하는 인간의 운명이다. 성경은 "한 번 죽는 것은 사람에게 정해진 것이요 그 후에는 심판이 있으리니"(히 9:27)라고 말씀하고 있다. 하늘의 사람과 땅의 사람은 죽음 이후의 길이 다르다. 가인과 아벨, 이스마엘과 이삭, 에서와 야곱은 형제지간이지만 가는 길이 달랐다. 하늘의 사람에게는 하나님의 상이 예비되어 있지만(딤후 4:8) 땅의 사람에게는 심판이 예비되어 있다.

사랑이 있는 마을에서 십 수 년 동안 말기 암 환자들을 돌보는 사역을 하면서 많은 사람들의 임종을 지켜보았다. 하늘의 사람은 천사의 인도로 주님께로 돌아간다. 그렇기 때문에 구원과 영생의 소망을 가진 하늘의 사람은 환한 모습으로 임종을 맞이하여 주변 사람들에게 천국의 확신을 심어준다. 하지만 믿음이 없는 사람은 두려움 속에 임종을 맞이한다. 당신은 하늘의 사람인가, 아니면 땅의 사람인가? 자신 있게 하늘의 사람이라고 고백할 수 있기를 바란다.

최초의 인간은 에덴이라는 동산에서 살았다. 에덴은 기쁨이라는 뜻이다. 우리 인간에게 주어진 최초의 거처는 지극히 아름답고 풍요로운 기쁨의 낙원이었다. 그런데 아담의 타락 이후 인간은 에덴동산에서의 기쁨을 잃어버리고 미움과 시기와 질투와 갈등과 대립, 그리고 전쟁 속에서 살아가고 있다.

요한계시록을 보면 천국의 모습이 소개되고 있다. 그 모습은 에덴동산이 회복되어진 모습인데 처음의 에덴동산을 훨씬 능가하고 있다. 우리는 장차 그곳에서 영원히 살게 될 것을 믿고 사모하며 신앙생활을 하고 있다. 그러나 문제는 현재이다. 많은 사람들이 겉으로는 웃고 있지만 속은 그렇지 못하다. 거칠고 험한 세상 속에서 내면의 기쁨을 잃어버린 채 살고 있다. 이러한 우리 삶의 현실에서 어떻게 해야 에덴의 기쁨을 회복하고 천국을 맛보며 살 수 있을까?

우리에게 도전을 주는 사람은 사도 바울이다. 바울은 빌립보 교인들에게 "주 안에서 항상 기뻐하라."라고 했을 뿐 아니라 자신이 그 말씀을 증명하는 삶을 살았다. 바울은 고린도후서 6장 10절에서 자신을 "근심하는 자 같으나 항상 기뻐하고"라고 표현했다. 이것은 너무나 역설적이어서 믿을 수 없을 정도이다. 하지만 바울은 정말 그렇게 살았다.

빌립보서를 보면 그것을 알 수 있다. 빌립보서는 갈라디아서나 로마서나 고린도서와 비교할 때 긴장을 푼 편안한 마음 상태에서 기록되었다. 바울은 회심자들이자 친구들에게 편지를 썼다. 어떤 중대한 신앙이나 실천적 문제들을 정리하기 위해서가 아니라 그들이 보낸 선물에 감사하기 위해서였다. 또한 그가 어떻게 지내는지 알려주기 위해서, 주 안에서 그들을 격려하기 위해서, 그리고 디모데가 곧 그들을 방문할 것이라고 알려주기 위해서 편지를 썼다.

사람들은 힘이 들면 하소연을 들어줄 사람에게 편지를 쓴다. 따라서 대개의 편지는 기쁨보다는 우울함으로 가득 차 있다. 하지만 바울의 편지는 처음부터 끝까지 기쁨으로 빛나고 있다. 이것은 놀라운 일이 아닐 수 없다. 왜냐하면 바울이 로마 감옥에서, 밤낮으로 매어 있는 상태에서 그리고 어쩌면 사형을 받을지도 모르는 처지에서 있었기 때문이다.

'기쁨', '기뻐하라'는 말은 빌립보서의 핵심 단어이다. 바울은 그의 회심자들을 향하여 자신의 기쁨이라고 부르며(빌 4:1) 그들을 위해 기쁨으로 기도했다(빌 1:4). 바울은 그들이 그에게 관대함을 베풂으로써 스스로 영적 유익을 얻는 것을 보면서 기뻐했다(빌 4:10, 17).

우리에게 도전을 주는 또 한 사람은 일본의 기독교 작가인 미우라 아야꼬이다. 그녀는 평생 병마와 싸웠다. 40도가 넘는 고열 속에서 성경 '욥기'를 읽으며 투병했고, 그 가운데서 글을 썼다. 이것이 끝이 아니었다. 그녀는 직장암 수술을 받았으며 말년에는 파킨슨병과 싸웠다. 그러면서도 그녀는 늘 밝은 모습을 잃지 않았으며 보석처럼 빛나는 작품들을 쏟아냈다.

아야꼬는 아픔과 고통이 있었기에 기도가 있었고, 감사가 있었고, 찬양이 있었고, 신앙이 있었다고 고백했다. 그리고 그녀는 기도하는 가운데 "비록 나는 아프지만 다른 사람들에게 항상 기쁨과 감사를 보여 주어야겠다."라고 다짐했다. 그녀는 아무리 아파도 짜증을 부리거나 남을 탓하거나 하는 대신 간호사와 주변 사람들에게 항상 웃으며 감사의 말을 아끼지 않았다.

아야꼬는 내면의 점점 커지는 빛, 기쁨을 사람들에게 알리기 위해 글을 썼다. 늘 하나님의 말씀을 전도하기 위해 소설을 쓴다고 말했다. 한 사람이라도 더 많은 사람에게 성경 말씀을 전하는 것이 생애의 목표였다. 하루하루 최선을 다하며 기쁨으로 작가 활동을 하던 미우라 아야꼬는 96편의 소설을 남기고 1999년 10월 12일 77세로 세상을 떠났다.

마귀는 어떻게 해서든지 우리에게서 기쁨을 빼앗아가려고 한다. 나이가 들면 우리 삶에 기쁨을 주는 것들이 하나하나 사라진다. 그렇지만 우리에게는 영생이 있고, 영원한 하늘나라가 보장되어 있다. 그러므로 날마다 구원의 감격과 하늘의 소망으로 기쁘게 살아가야 한다.

인생의 4계절

낙엽 지는 시절에 이르러

비로소

새싹이었던 시절

푸른 신록이었던 때를 기억하는 것은

높고 아스라한

삶의 비의(秘意),

인생은

뒷모습만 좇다 가는 존재입니까

세상이 전장터임을 어찌 알아서

주먹 부르쥐고

붉은 울음 터트리며

나는 왔던가요

꽃 피는 봄 한 철은 짧았습니다

꽃인 줄도 모른 채 피었다가

꽃인 줄도 모른 채 졌습니다

속절없이 푸르렀던 여름날은

땀과 눈물범벅,

정의를 위해 죽고 싶었던

불나방이의 꿈이

서투르디 서투른 얼룩으로 남아 있네요

가을은 또 이렇게 속히 와서

내 가슴에 단풍 들 줄이야!

열매를 찾아 깃드는

새들을 맞이하며 깨닫습니다

열매는 자신을 위한 것이 아님을

주고 갈 것 적은 이의

초라한 가을을

낙엽이 대신

눈물짓습니다

그리고,

이제

나의 겨울을 기다립니다

침묵이 사랑인 것도 헤아립니다

사랑할 시간이 많지 않을 때

사랑은

순금의 옷을 입습니다

지는 노을이 아름답다는 말은

돌아갈 집이 있다는 말,

이 세상 떠날 때

맞아 줄 이가 계시기에

저무는 겨울이 아름답습니다

잠깐 쳤다가 걷어내 버리는 장막,

육체에 집 짓지 마십시오

우리가 '돌아가야 할 자'임을

부디 잊지 마십시오

인생의 4계절 다 저물고

기필코 닿아야 할 마지막 종착지는

저 곳,

영원한

하늘 집인 것을!

나를 따르라

아이젠하워는 제2차 세계대전 때 연합군 사령관으로 노르망디 상륙작전을 성공으로 이끌어 독일과의 전쟁에서 승리했고, 전쟁 후 콜롬비아대학교의 총장으로 재직하다가 나토 총사령관을 거쳐 미국의 34대 대통령이 되었다.

아이젠하워는 군에서, 정치에서 뛰어난 통솔력을 보여주었다. 어느 날 그는 그러한 비결에 대해 질문을 받았다. 아이젠하워는 책상 위에 50센티미터 가량 되는 실을 늘어놓고 질문한 사람에게 뒤에서 밀어보라고 했다. 실은 구부러질 뿐 앞으로 나아가지 못했다. 그러자 그는 앞에서 실을 끌어 당겼다. 실은 곧게

끌려갔다. 그러자 그는 말했다. "통솔력의 비결은 앞에서 솔선 수범하는 것입니다. 짐승은 뒤에서 몰아가야 하지만 사람은 앞에서 인도해야 합니다."

많은 지도자들이 뒤에서 몰아가려 한다. 그러나 하나님은 우리를 인도하실 때 친히 앞서 행하신다. 광야에서 40년 동안 이스라엘 백성들을 이끄셨던 하나님에 대해 성경은 이렇게 말씀하고 있다. "여호와께서 그들 앞에서 가시며 낮에는 구름 기둥으로 그들의 길을 인도하시고 밤에는 불 기둥으로 그들에게 비추사 낮이나 밤이나 진행하게 하시니 낮에는 구름 기둥이 밤에는 불 기둥이 백성 앞에서 떠나지 아니하니라."(출 13:21-22).

예수님도 뒤에서 몰아가지 않으시고 친히 앞장서서 나를 따르라고 하신다. 주님을 따르는 길은 좁은 길이고, 개척의 길이며 섬김의 길, 나눔의 길이다. 결코 쉽지 않다. 그렇기 때문에 참된 길 되시는 예수님에 대한 믿음과 단호한 결단이 필요하다.

20세기 미국의 '국민 시인'이라 불리는 로버트 프로스트가 쓴 '가지 않은 길(The Road Not Taken)'이라는 시가 있다. "훗날에 먼 훗날에 나는 어디선가 한숨을 쉬면서 이야기할 것입니다. 숲 속에 두 갈래 길이 있었다고, 나는 사람이 적게 간 길을 택하였다고, 그리고 그것 때문에 모든 것이 달라졌다고…."

우리 인생에는 두 길이 있다. 빠른 길과 바른 길이다. 두 길을 동시에 갈 순 없다. 어느 한 길을 선택해야 한다. 빠른 길이 아니라 바른 길을 선택해야 한다. 더디더라도, 어려움이 있더라도, 손해를 보더라도 바른 길을 가야 한다. 우리 인생에서 중요한 것은 속도가 아니라 방향이기 때문이다.

성도들이 가야 할 길은 분명하다. 예수님은 우리에게 말씀하신다. "좁은 문으로 들어가라 멸망으로 인도하는 문은 크고 그 길이 넓어 그리로 들어가는 자가 많고 생명으로 인도하는 문은 좁고 길이 협착하여 찾는 자가 적음이라."(마 7:13-14).

많은 사람들이 넓은 길로 가고 있다. 어쩐지 편안해 보이는 그 길을 부러운 듯 바라보는 사람들도 있다. 그러나 넓은 길은 멸망의 길이고, 좁은 길은 생명의 길이다. 좁은 길을 걷다보면 외로울 수 있다. 협착하여 힘들 수 있다. 그러나 우리는 일사각오로 생명의 길을 가야 한다. 칠전팔기하며 그 길을 가야 한다.

예수님은 "나를 따르라."라고 하신다. 우리가 분명히 기억해야 할 것은 그 길은 우리가 만들어 가는 길이 아니고, 따라가는 길이라는 것이다. 비록 힘들지만 주님께서 앞서 가셨다. 십자가 고난을 당하셨지만 승리하여 부활 승천하셨고, 하나님 보좌 우편에서 우리를 응원하고 계신다.

나를 따르라는 주님의 말씀을 생각할 때면 생각나는 노래가 있다. "고무신 신고 아장아장 느린 걸음 걸을지라도 해바라기해

따라가듯 나도 예수님 따라갈 테야!" 어릴 적에 교회를 다니며
부르던 어린이 찬송가인데 지금도 생생하게 기억하고 있다. 우
리는 해바라기가 해를 따라 가듯 주님을 따라가야 한다. 그러면
우리도 승리하여 하늘나라에서 주님과 영원히 함께할 수 있다.
그 소망을 가지면 온전히 주님을 따를 수 있다.

안도현 목사 칼럼

길

2018. 8. 30. 초판 1쇄 발행

지은이   안도현

펴낸이   이미숙
펴낸곳   도서출판 햇빛
편집인   염성철

등록   제2005-13호
주소   경기도 고양시 일산 서구 일청로 59번길 46
전화   031-911-1137(출판부)
팩스   031-911-1126

ISBN 979-11-87455-39-4   03230

copyright ⓒ 햇빛 2018 〈printed in korea〉

도서출판 햇빛은 하나님의 백성들이 주기도를 통해서 날마다 기도하는 대로 이 땅에 하나님 나라가 이루어지고 주님께서 다시 오셔서 영원한 하나님의 나라가 임하기까지 하나님의 나라를 전하고 세우는 일을 계속할 것입니다.

총판 : 도서출판 햇불